Bienvenido a Brujas, ciudad patrimonio de la humanidad

Hay lugares que, aun sin conocerlos en detalle, simplemente emocionan. Brujas es uno de estos lugares únicos. Una ciudad a escala humana, que se ha hecho grande gracias a su irresistible historia. Cultural, artística, cosmopolita, borgoñona rebelde, medieval misteriosa y patrimonio de la UNESCO.

T0020525

Minnewater (calle)

Descubrir
Brujas

Lo más destacado de Brujas
Los diez clásicos que no se puede perder

〰 Rozenhoedkaai y canales de Brujas, estampa de la ciudad

El Rozenhoedkaai (Muelle del Rosario) une el Campanario con los canales, las arterias de la ciudad creando una bonita estampa. No es de extrañar que el Rozenhoedkaai se haya convertido en el lugar más pintoresco de la zona. Si quiere encontrar más rincones especiales y secretos escondidos, haga una ruta en barco. Desde el agua, Brujas es todavía más encantadora. Un clásico que no se puede perder.

🐎 El Markt, visita obligada

El Campanario, con sus 83 metros, lleva siglos dominando el animado centro de la ciudad. En la actualidad puede subirse a la "cima" del Campanario. Desde lo alto se le premiará con una impresionante vista panorámica de Brujas y sus alrededores. En el Markt (Plaza Mayor) también se encuentra el Historium, una atracción fantástica que le llevará a la Brujas medieval. Enmarcado por coloridas casas, la Plaza Mayor es además el punto de partida fijo de los coches de caballos.

(Siga leyendo en las pág. 56 y 65.)

Riqueza medieval en la plaza Burg

La plaza Burg, el corazón latente de la ciudad. El ayuntamiento del siglo XIV, uno de los más antiguos de los Países Bajos, lleva 600 años gobernando Brujas. En esta plaza de majestuosa arquitectura encontrará también el Franconato de Brujas, la antigua Escribanía civil y la Basílica de la Santa Sangre. En ningún otro lugar se expresa mejor la riqueza de Brujas. *(Siga leyendo en las pág. 55, 59 y 73.)*

Pasear por el antiguo barrio de la Liga Hanseática

Desde el siglo XIII hasta el XV Brujas fue punto de encuentro comercial de la

Europa septentrional occidental. Los comerciantes españoles se afincaron en el Spaanse Loskaai y en la calle Spanjaardstraat, los orientales o alemanes en la plaza Oosterlingenplein. En este antiguo barrio Hanseático, le asombrarán las casas de los mercaderes y naciones comerciales del mundo. Aquí podrá sentir el aroma del pasado.

Los primitivos flamencos: belleza atemporal

Durante el Siglo de Oro de Brujas, el siglo XV, reinaban las Bellas Artes. Fue entonces cuando se asentaron en Brujas figuras tan renombradas como Jan van Eyck y

Hans Memling. Hoy en día todavía puede admirar las creaciones de los destacados primitivos flamencos en el Museo Groeninge y en el Hospital de San Juan. Pero también entre los tesoros de la parroquia más antigua de Brujas, la Catedral de San Salvador, verá de cerca los cuadros que se crearon hace siglos en esta ciudad.

(Siga leyendo en las pág. 63-64 y 71-72.)

Pompa y boato borgoñón

Descubra la pompa y boato de la corte borgoñona en el renovado Museo Gruuthuse. El lujoso palacete del siglo XV se está restaurando totalmente y volverá a abrir sus puertas en el 2019. Allí descubrirá 500 años de historia de Brujas a través de una rica colección. Una íntima capilla privada conecta el palacio con la Iglesia de Nuestra Señora. De esa forma, los señores de Gruuthuse podían asistir a misa sin que los molestaran. Lo más destacado es la bellísima escultura de mármol blanco, la *Madonna de Brujas* de Miguel Ángel, que consigue conmover a todos los visitantes.

(Siga leyendo en las pág. 53, 64 y 67.)

Un remanso de paz en el Beaterio

Algunos sitios son tan hermosos que le dejan sin palabras. El Beaterio es uno de ellos. Antiguamente vivían aquí beguinas en régimen de comuna, mujeres emancipadas y también laicas, pero que llevaban una vida piadosa y célibe. Este oasis amurallado de paz religiosa consigue encantar incluso al mayor cínico gracias a un impresionante jardín interior, árboles frondosos, fachadas blancas y un silencio ensordecedor. Y eso durante todo el año.

(Siga leyendo en las pág. 55-56.)

Minnewater, Lago del amor, triunfo romántico

Este pequeño lago rectangular era el antiguo amarradero de embarcaciones que realizaban la ruta entre Brujas y Gante. En la actualidad es, junto al parque Minnewater, un oasis de paz y el lugar romántico por excelencia. Desde el puente de Minnewater tiene una vista mágica de uno de los lugares más idílicos de Brujas.

La Sala de conciertos o Cultura con C mayúscula

El esbelto templo de la cultura en la plaza 't Zand, la plaza más grande de la ciudad, le da un toque dinámico a esta plaza. En el auditorio de diseño elegante, podrá disfrutar de música clásica y danza contemporánea en un entorno inmejorable. De día puede descubrir este increíble edificio con el Circuito de la Sala de conciertos, una ruta original que termina con una vista espectacular de Brujas desde la azotea.

(Siga leyendo en la pág. 60, 77 y 84.)

Casas de caridad, humanidad en piedra

Pueblecitos urbanos. Así es cómo se podrían describir estos barrios residenciales de origen medieval, que todavía usan personas mayores. Hace siglos se construyeron las primeras casas de caridad como un acto de humanidad. Hoy en día son un remanso de paz en la ciudad con sus pintorescos jardines, fachadas blancas y delicioso silencio.

(Siga leyendo en la pág. 14.)

Paseo 1
Brujas, ciudad patrimonio de la humanidad

Bonifaciusbrug

Brujas puede estar orgullosa, y con razón, de haber sido declarada patrimonio de la humanidad, ¡la ciudad da la bienvenida al futuro! Esta ruta le lleva a través de vistas e imágenes mundialmente conocidas, monumentos impresionantes y plazas centenarias rejuvenecidas con edificios contemporáneos. Con un pie en la Edad Media y el otro sólidamente en el presente. Algo que no se puede perder quien visite Brujas por primera vez y quiera descubrir directamente el corazón de la ciudad. ¡Prepare su cámara de fotos!

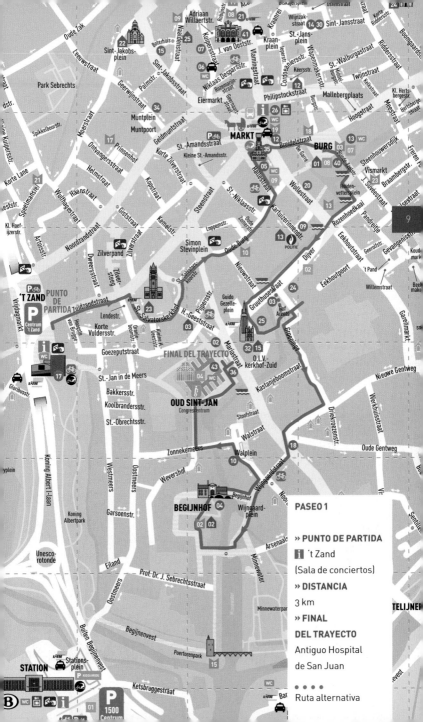

PASEO 1

» **PUNTO DE PARTIDA**

📍 't Zand

(Sala de conciertos)

» **DISTANCIA**

3 km

» **FINAL**

DEL TRAYECTO

Antiguo Hospital

de San Juan

• • • •

Ruta alternativa

Desde 't Zand a la Simon Stevinplein

Esta ruta empieza en la i oficina de información 't Zand (Sala de conciertos). La plaza 't Zand, la más grande de Brujas, está dominada por un edificio contemporáneo controvertido: la Sala de conciertos **17**. Este es un claro mensaje de que Brujas, ciudad patrimonio de la humanidad, no está cerrada al futuro. La Concertgebouw Circuit **17** le ofrece una visita entre bastidores y en el último piso, totalmente arriba, encontrará un espacio interactivo para el arte sonoro. Además, disfrutará de una hermosa vista del skyline de Brujas. Visite también la i oficina de información 't Zand (Sala de conciertos) en la planta baja, donde no solo recibirá información turística, sino que también le ofrecerán explicaciones sobre todos los eventos culturales de la ciudad y donde puede comprar sus entradas. *En las pág. 112-115 leerá en una entrevista con Ayako Ito más información sobre la Sala de conciertos y el Concertgebouw Circuit.*

Atravesando la plaza, deje i 't Zand (Sala de conciertos) atrás y tome la primera calle a la derecha, la Zuidzandstraat. Tras unos 300 metros encontrará a su derecha la Catedral de San Salvador **23**.
La Catedral de San Salvador, la iglesia parroquial más antigua de la ciudad, fue construida a un nivel inferior que la actual calle de Steenstraat, levantada sobre una cresta de arena. Además, durante la Edad Media, los desperdicios domésticos se tiraban directamente a la calle y estos aplastados por

23

LA PLAZA BURG, UN TRATADO DE ARQUITECTURA

Los estetas han señalado que, sin duda alguna, esta plaza es un fino ejemplo de todos los estilos arquitectónicos a través del tiempo. Un hábil compendio arquitectónico resumido en una plaza. Del románico (la Iglesia de San Basilio) y el gótico (el ayuntamiento), al Renacimiento (la antigua Escribanía civil), el barroco (el Prebostazgo) y el clasicismo (la casa señorial del Franconato de Brujas). Todo ello sin tener que recorrer kilómetros.

el paso de los carruajes hicieron subir el nivel de la Steenstraat de manera gradual. Una vez en el interior de la catedral puede iluminar la grandiosa estructura de madera sobre la que está construida la torre de la iglesia. En la cámara del tesoro podrá admirar cuadros de Dirk Bouts, Hugo van der Goes y Pieter Pourbus, placas funerarias de cobre y muestras de orfebrería.

Gire a la derecha de la catedral entrando en la calle Sint-Salvatorskerkhof. Rodee la catedral y tome la cuarta calle a la derecha, la Sint-Salvatorskoorstraat. Así llegará a la Simon Stevinplein.
En esta encantadora plaza, con sus ordenadas y soleadas terrazas en verano, se erige la estatua del científico flamenco-holandés Simon Stevin.

La Plaza Mayor (Markt) y la plaza Burg

Deje la Simon Stevinplein a la izquierda y prosiga su camino por la calle Oude Burg. Poco antes de llegar al final de la calle, a la izquierda, se encuentra la lonja **09**, que forma parte del Campanario **05**. Entre las 8.00h y las 18.00h (los sábados partir de las 9.00h) puede acceder a ella y atravesar el impresionante patio interior para acabar en el Markt, la Plaza Mayor. En caso de que la puerta esté cerrada, retroceda unos metros y recorra la calle paralela, la Hallestraat.

En la explicación del Paseo 2, en las pág. 24-25, se da información más detallada sobre el Markt.

Desde el Campanario **05** diríjase hacia la calle peatonal que emerge desde

la esquina izquierda: la Breidelstraat. Continúe andando hasta que llegue a la plaza Burg.

Durante este trayecto perciba el pequeño callejón que aparece a su derecha, llamado De Garre. Aunque probablemente sea la calle más estrecha de la ciudad – es casi imposible andar dos personas una al lado de la otra – aquí hallará cafés y bares encantadores.

Una vez que haya llegado a la plaza Burg, tómese su tiempo para contemplar con detalle una de las más majestuosas plazas de la ciudad. El edificio más importante de este histórico lugar es el ayuntamiento 08 40 (1376-1420), uno de los consistorios más antiguos de los Países Bajos y ejemplo de majestuosidad gótica que sirvió de muestra para muchos otros: desde Lovaina hasta Oudenaarde o Bruselas. Si ya ha

admirado con detalle el exterior, entre en el edificio; se quedará asombrado con la impresionante Sala Gótica y su bóveda de madera policromada. A la derecha de este gótico monumento se levanta la Basílica de la Santa Sangre 01, originalmente dedicada a Nuestra Señora y al Santo Basilio, y diseñada como una iglesia fortificada, cuenta con dos niveles y fue construida entre el 1139 y el 1157. La iglesia de abajo ha conservado su carácter románico. En cambio, la capilla superior, originalmente diseñada como una simple tribuna, ha sido desarrollada a lo largo de los siglos hasta convertirse en una verdadera iglesia. Aunque no fue hasta el siglo XIX que adquirió su decoración de estilo neogótico, guarda desde el siglo XIII la reliquia de la Santa Sangre. En Nuestro Señor de la Ascensión se lleva la reliquia anualmente, y esto desde al menos el 1304, en la procesión de la Santa Sangre, una festividad popular que conmueve a toda la ciudad y desde 2009 es reconocida por la UNESCO como patrimonio cultural inmaterial de la humanidad. En el otro lado de la plaza Burg se erige la antigua Escribanía civil 03 (1534-1537, ahora convertida en el Archivo de la ciudad 07), con su resplandeciente fachada de estilo renacentista. Justo al lado tiene el Franconato de Brujas 13. No deje de ver su fastuosa chimenea de madera de roble (1529) y grabados en alabastro. Desde la antigua casa señorial colindante del Franconato de Brujas (cuya parte delantera se remonta al 1722) se gobernaban las tie-

rras alrededor de Brujas, después del 1795 funcionaba como Palacio de Justicia y desde 1988 alberga diversos servicios municipales. Justo enfrente del ayuntamiento, se emplazaba antiguamente la impresionante Catedral de San Donaciano, destruida durante la ocupación francesa en 1799. Aún puede contemplarse el Prebostazgo **18** (1655-1666), donde el preboste (líder religioso) de la catedral tenía su sede. También, todos aquellos interesados, pueden visitar gratis los cimientos parciales de la catedral en los sótanos del hotel Crown Plaza.

Historias con aromas

Diríjase hacia la pequeña callejuela que sale a la izquierda del Ayuntamiento, la Blinde-Ezelstraat o la Calle del Asno Ciego. No olvide levantar la mirada atrás para contemplar la ingeniosa solución abovedada que fue construida entre el ayuntamiento y la antigua Escribanía civil **03** **07**. Al lado izquierdo de Salomón, puede ver la imagen de la Prosperidad, y al derecho, la de la Paz. La leyenda cuenta que el nombre de la Calle del Asno Ciego se debe a... una

posada del mismo nombre, "El Asno Ciego". En su tiempo se usaban burros en las cervecerías, que ofrecían cerveza a los albergues, para impulsar los molinos. Para proteger a los animales de la triste realidad de que lo único que hacían era dar vueltas, se les tapaba los ojos con un trapo. Desde el puente, unos pasos más allá, podrá entrever el Meebrug (1390), uno de los puentes más antiguos de la ciudad.

Una vez cruzado el puente llega al Vismarkt **23**, el Mercado de Pescado. Al principio se vendía pescado en la esquina de la Plaza Mayor (Markt) a la altura del Historium **26**, pero debido al fuerte olor los pescaderos fueron trasladados a este lugar en el siglo XVIII.

Meebrug

Oljver

En esta especial construcción de columnatas (1821) se vendía el pescado de mar, un valioso producto refinado que solo los ricos se podían permitir. Hoy en día, aún se puede adquirir delicioso pescado fresco todas las mañanas de miércoles a sábado. En verano, el Mercado de Pescado hace las veces de lugar de encuentro con baile, música, comida y bebida.

Dé la vuelta y retroceda hasta el puente, tome la izquierda hasta la Huidenvettersplein.

Si decíamos que el mercado de pescado servía a los ricos, los pobres encontraban su lugar en esta Plaza de los Curtidores: nada de exclusivo y caro pescado de mar, sino el más económico pescado de agua dulce. La columna que se levanta en medio de la plaza tenía una

🏠 CASAS DE CARIDAD, EL CAMINO MÁS RÁPIDO HACIA EL CIELO

Estas pequeñas zonas residenciales fueron construidas desde el siglo XIV gracias a la caridad. Ya sea por artesanos que querían darles un techo a sus miembros más ancianos, o viudas y buenos ciudadanos que para mostrar caridad cristiana quisieran ganarse un lugar en el cielo. Para asegurarse un sitio, cada zona residencial tenía su capilla en la que los habitantes hacían sus oraciones de agradecimiento, tal y como prescribían las normas internas. Hoy en día, todas las casas de caridad están restauradas y modernizadas y en algunas aún viven personas de la tercera edad. Con sus pintorescos jardines y fachadas blancas, son lugares por excelencia para encontrar la calma. Además, son de entrada libre para todo aquel que sepa respetar el silencio. *(En el plano de la ciudad, todas las casas de caridad están marcadas con 🏠.)*

hermana gemela, y entre las dos se colgaba la balanza donde pesar la mercancía. El gran y llamativo edificio que gobierna esta pequeña plaza fue el centro de reunión de los curtidores; aquí es donde se vendían las pieles de diferentes animales en cuero. El lugar no se eligió al azar: la curtiduría era una profesión que desprendía un cierto "aroma" y como el viento solía soplar del norte o noroeste, el mal olor se lo llevaba al viento a lo que en el aquel entonces era un descampado, fuera de la ciudad. Con razón la estatua en la esquina del edificio arruga la nariz...

Desde ahí llega directamente al **Rozenhoedkaai, el Muelle del Rosario. Continúe por la derecha.**
¡El Rozenhoedkaai es el lugar más fotografiado de Brujas! Así que es el momento perfecto para sacar la cámara fotográfica. Este era el lugar de carga y descarga de los comerciantes de sal. La sal era el oro de la Edad Media: servía para conservar la comida y darle sabor a los platos. Palabras como salario, *salaire* y *salary* indican el valor del producto. Todas vienen del vocablo latino *sal*; a los soldados romanos se les pagaba en sal.

Desde el Museo Groeninge hasta el Puente de Bonifacio

Siga caminando por el Dijver.
Podrá descubrir a lo largo de este hermoso paseo, el Europacollege (números 9-11) **02**, Colegio de Europa, un centro de estudios posuniversitarios especializado en Europa, y el museo más conocido de la ciudad, el Museo Groeninge (número 12) **24**. Disfrute en este museo de los primitivos flamencos, maestros de la pintura de fama mundial, como Jan van Eyck, Hugo van der Goes y Gerard David. Además, el museo ofrece una valiosa colección de expresionistas flamencos, trabajos neoclásicos de los siglos XVIII y XIX y arte moderno de después de la Guerra Mundial. En resumen, un completo conjunto del arte pictórico belga y holandés desde el siglo XV hasta el siglo XX. Encontrará la entrada tras cruzar un encantador jardín.

Si quiere saber más sobre los primitivos flamencos, puede leer la entrevista con el conservador del museo Till-Holger Borchert en las pág. 104-107.

Siga caminando por el Dijver. Al atravesar el puente, encontrará a su izquierda el Museo Gruuthuse **25**.

25

Este museo vuelve a abrir sus puertas en primavera después de una larga restauración.

Puede leer más sobre el Museo Gruuthuse en el Paseo 2 (vea la pág. 22-23) y en la pág. 53.

Continúe andando hasta la Guido Gezelleplein, donde se levanta la Iglesia de Nuestra Señora **15** **32** y siga el pequeño camino hacia la izquierda que le llevará hasta el hermoso Puente de Bonifacio. Es posible que el camino esté cerrado debido a trabajos de restauración (hasta la primavera 2019). En ese caso siga la ruta alternativa indicada en el mapa de la ciudad (línea de puntos). Las cruces con las que se encontrará no son tumbas, sino adornos de las torres de las iglesias. Durante la Primera Guerra Mundial, estas puntas de las torres fueron quitadas para desorientar a los exploradores del bando enemigo, y no

se volvieron a colocar. Desde el Puente de Bonifacio puede buscar la ventana gótica más pequeña de la ciudad. A través de la pequeña rendija las damas y los señores de Gruuthuse podían curiosear el embarcadero. Una vez cruzado el puente, llegará al apacible jardín Hof Arents de la Arentshuis **03** (siglo XVI-siglo XIX), la elegante Casa "Arents". En la última planta del edificio se muestra la obra del polifacético artista inglés Frank Brangwyn, mientras que la planta baja acoge exposiciones temporales. En el jardín destacan, sobre todo, dos restos de columnas del Waterhalle, el almacén central para la navegación que antiguamente estaba en el Mercado, y un grupo escultórico de Rik Poot (1924-2006) que muestra a *Los Jinetes del Apocalipsis*, un conjunto de revolución, guerra, hambre y muerte. El tema religioso del grupo escultórico de Rik Poots podía encantar al pintor Hans Memling, por-

02 **02**

©Minnewater

que en el cercano Hospital de San Juan 36 encontrará su *Tríptico de San Juan* en el que también podrá admirar a los jinetes. A través de la verja del jardín puede cruzar hasta el Museo Groeninge 24 para ver más obras de Memling y sus contemporáneos.

¡De camino al Beaterio!

Vuelva a dejar el jardín del Museo Groeninge por la pequeña puerta y continúe hacia la izquierda por la calle Groeninge. En el cruce con el Nieuwe Gentweg vaya a la derecha. Entre un momento en las casas de caridad 🏠 de San José y De Meulenaere (ambas del siglo XVII). Continúe su paseo hasta el final de la calle.

En la esquina izquierda del Oude Gentweg y la Katelijnestraat encontrará el Museo del diamante 18, el museo más lustroso de la ciudad y el rincón preferido para aquel que le guste el brillo. ¡Cómo iba a faltar un inspirador museo del diamante en la ciudad más romántica de Europa occidental!

Continúe su paseo por la Katelijnestraat y coja la primera calle a la derecha, la Wijngaardstraat. Cruce la plaza Wijngaardplein, parada de los coches de caballo, y prosiga hasta llegar a la casa de la esclusa. A su derecha cruce el puente para entrar en el Beaterio. Desde ese mismo puente podrá divisar el Lago del Amor, Minnewater.

El Minnewater fue en tiempos pasados el embarcadero de los navíos que aseguraban el transporte entre Brujas y Gante. Hoy es el lugar romántico por excelencia. Del mismo orden, pero con otro significado, es el Beaterio. El "Principesco Beaterio Ten Wijngaarde" 02 02 data de 1245, y hoy no lo habitan las beguinas (mujeres célibes que formaron una comunidad religiosa libre) sino algunas hermanas de la orden de San Benedicto y señoras solteras de Brujas. Aún puede hacerse una idea de cómo era una jornada diaria en el siglo XVII entre sus muros visitando una de las casas de beguina 04. El impresionante jardín, las blancas

Walplein

fachadas de las casas y el silencio crean un ambiente aparte. ¡Atención, las puertas de entrada cierran todos los días a las 18.30 horas!

Después de su paseo por el Beaterio salga por la puerta principal. Inmediatamente después del puente, continúe a la izquierda y de nuevo coja la primera calle a la izquierda hasta llegar a la Walplein.

A su izquierda, en el número 26 de la plaza, se levanta desde 1564 la fábrica de cerveza De Halve Maan **10**, la más antigua y todavía activa de la ciudad. Aquí se produce la *Brugse Zot* (el Loco de Brujas), una cerveza de sabor ca-

racterístico y largo proceso de fermentación a base de malta, lúpulo y levadura. La marca ha tomado prestado el sobrenombre de los brujenses, los "locos de Brujas", como bautizó Maximiliano de Austria a los habitantes de esta ciudad. A su llegada a Brujas, estos organizaron un efusivo y desbordante cortejo con extravagantes desfiles. Cuando, un poco más tarde las autoridades le presentaron una petición para financiar un nuevo manicomio, su respuesta fue corta y contundente: *"En esta ciudad solo me he encontrado a locos, Brujas es un gran manicomio, simplemente, cierren las puertas"*.

CONSEJO

En el centro del Antiguo San Juan, verá las salas de enfermos del siglo XIX del Hospital de San Juan. Entre, porque algunos días podrá incluso asistir a un concierto gratis del músico de harpa Luc Vanlaere de Brujas. Déjese conmover por unas hermosas melodías. Además, las históricas salas de enfermos son también el decorado para exposiciones temporales de Xpo Center Bruges. No se pierda los eventos que haya durante su visita a Brujas. *Encontrará más información en www.harpmuziek.be y www.xpo-center-bruges.be.*

Final del recorrido, el Hospital de San Juan

Siga por la calle de la izquierda, la Zonnekemeers, y una vez que pase el canal, continúe a la derecha para seguir caminando hacia el terreno del antiguo Hospital de San Juan. Pasee por la cochera del siglo XIX, si se encuentra el portón abierto.

Este antiguo hospital **36** (del siglo XII-XIX) que ve a su derecha, puede hablar de ocho siglos de historia. ¡Los documentos más antiguos datan del 1188! Los religiosos cuidaron aquí a los pobres, peregrinos, viajeros y enfermos que muchas veces simplemente llegaban a este lugar para morir. El pintor Hans Memling también fue aquí paciente, como cuenta la leyenda, y honró a sus benefactores con cuatro piezas de arte. En el siglo XIX llegaron otras dos pinturas al hospital, con lo que podrá admirar nada menos que seis obras maestras de Memling. Justo delante del convento del antiguo hospital se encontrará de golpe con *De aderen van het klooster* (Las venas del convento), una obra del artista italiano contemporáneo Giuseppe Penone, que simboliza de alguna forma la vida del convento y la antigua función de atención a los enfermos del entorno.

En la entrevista con Sonia Papili en las pág. 96-99, podrá leer más detalles sobre el arte italiano. Ejemplo de cómo la historia nutre el presente, esta pieza transmite un mensaje consonante con una ciudad patrimonio de la humanidad como Brujas.

Gire la esquina a la izquierda y diríjase directamente a la derecha.

En la placita descubrirá un jardín de hierbas medicinales y la entrada a la farmacia del siglo XVII. En el jardín verá las plantas más usadas en un recetario del siglo XVIII, que se puede ver en la farmacia. Vuelva sobre sus pasos, gire a la izquierda y camine por el pasaje. En la esquina derecha encontrará la entrada a la impresionante sala del hospital medieval, la iglesia y la capilla y el llamado Ático de Diksmuide.

Cochera

Paseo 2
Brujas: con B de Borgoñón

Mausoleo de María de Borgoña,
Iglesia de Nuestra Señora

En el siglo XIV, Felipe el Atrevido, Duque de Borgoña, contrajo matrimonio con Margarita de Flandes, hija del último conde de Flandes, lo que supuso la incorporación de la región al reinado borgoñón. El séquito se mudó gustosamente a la ciudad portuaria y Brujas empezó a atraer familias nobiliarias, comerciantes y artistas que buscaban beneficiarse de la riqueza que acompañaba a la corte. Hoy en día, aún se palpa la herencia borgoñona en la ciudad. Descubra una ciudad norteña con carácter del sur.

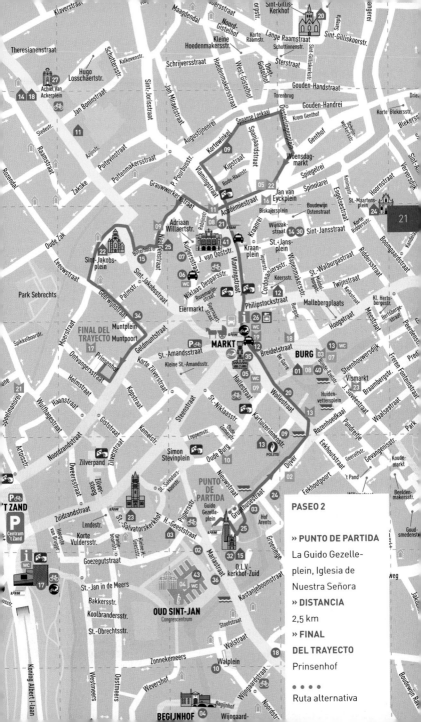

PASEO 2

» **PUNTO DE PARTIDA**

La Guido Gezelle-

plein, Iglesia de

Nuestra Señora

» **DISTANCIA**

2,5 km

» **FINAL**

DEL TRAYECTO

Prinsenhof

• • • •

Ruta alternativa

Desde la Guido Gezelleplein hasta el Markt

Acomódese en uno de los bancos de esta plaza, llamada Guido Gezelleplein en honor al sacerdote y poeta flamenco (1830-1899), y disfrute de la vista que le ofrece: la estatua del poeta y la fachada lateral de la Iglesia de Nuestra Señora **15** **32**. La torre de la iglesia, construida en ladrillo con sus 115,5 metros, ilustra la destreza de los artesanos brujenses. Dentro podrá admirar la rica colección de arte, desde la famosa *Madonna de Brujas* de Miguel Ángel hasta los mausoleos de María de Borgoña y Carlos el Temerario de los siglos XV y XVI. A la izquierda del edificio le llamará la atención la residencia de los Señores de Gruuthuse, hoy en día el Museo Gruuthuse **25**, que después de un largo periodo de restauración por fuera y por dentro vuelve a abrir sus puertas esta primavera. El pozo (que no se puede ver desde la Guido Gezelleplein) y la torre son dos símbolos que

¿SABE UNA COSA?

Las torres de la Iglesia de Nuestra Señora y de la Catedral de San Salvador llevan más de diez años siendo el lugar favorito para hacer el nido de una pareja de halcones peregrinos. La presencia de estas rápidas aves rapaces es muy apreciada porque son ideales en la lucha contra las molestias causadas por... las palomas.

muestran el estatus de abundancia de la familia Gruuthuse, riqueza que acumularon gracias a su derecho exclusivo del "gruut", una mezcla de hierbas aromáticas que mucho antes que el lúpulo se utilizaba para aromatizar la cerveza. Louis de Gruuthuse, además de conducir a las tropas de duque Carlos el Temerario y ser guardaespaldas personal de su hija María de Borgoña, también fue gran amante de la cultura y dueño del "Manuscrito Gruuthuse" que hacía honor a su nombre, un famoso manus-

25

CONSEJO

La impresionante casa señorial en la esquina de Wollestraat fue residencia temporal durante el siglo XVI de Juan Perez de Malvenda, hijo del cónsul de España y un habitante importante de la ciudad. Él guardaba entonces la reliquia de la Santa Sangre. En su planta baja encontrará todos los productos por los que Bélgica es conocida: desde una colección interminable de cervezas, deliciosas galletas y mermeladas artesanales, hasta las chucherías más tradicionales. Además podrá maravillarse desde su bien escondida terraza con una vista inigualable del Muelle del Rosario (Rozenhoedkaai).

crito medieval que recopila, entre otros, 147 canciones. El lema familiar *"Plus est en vous"* cuelga con orgullo sobre la puerta de la residencia. A día de hoy lo traduciríamos como "Siempre puedes hacer más (de lo que piensas)". *(Lea más sobre el Museo Gruuthuse en las pág. 53 y 64.)*

Siga ahora por el pequeño camino que se encuentra a la izquierda de la iglesia. Es posible que el camino no esté accesible debido a obras de restauración (hasta la primavera 2019). Una vez que haya dado la vuelta a la esquina, dirija su vista a lo alto y verá la capilla del Museo Gruuthuse, que está conectada en el interior con la Iglesia de Nuestra Señora. Los señores de Gruuthuse no se mezclaban con la gente corriente, sino que disponían de una capilla privada desde donde podían asistir a los servicios religiosos.

Vuelva sobre sus pasos y entre el hermoso patio interior Gruuthuseplein. A partir de esta primavera podrá pasear por el nuevo pabellón de cristal. Cuando cruce el patio pasará por el pozo. Salga del patio interior por la puerta y continúe hacia la derecha por el Dijver. En el número 12 de esta calle se encuentra el Museo Groeninge **24**, el museo más conocido de Brujas. *En las pág. 104-107 puede leer la entrevista con el Conservador del museo, Till-Holger Borchert.*

Un poco más allá en el Dijver, en los números 9 hasta 11, está uno de los edificios del Colegio de Europa **02**, un centro de estudios posuniversitarios especializado en Europa.

Continúe el camino y tuerza en la primera calle a la izquierda, la Wollestraat.

En la esquina derecha de la Wollestraat, no podrá dejar de ver la solemne casa de Pérez de Malvenda **13**. Esta casa señorial original del siglo XIII se restauró desde el sótano hasta la punta del tejado y alberga una tienda de alimentación. Justo antes de llegar a la Plaza Mayor está la lonja **09** con el Campanario **05**, que servía de almacén y lugar de venta. En el lado de la

LA HORA EXACTA

En la plaza del Markt, sobre la casa de estilo gótico tardío que hace esquina y hoy hogar de la cafetería Meridian 3, reluce una esfera recubierta de pan de oro. La inauguración de la línea de tren Bruselas-Gante-Brujas puso de manifiesto que los relojes de Bélgica no estaban sincronizados. Un desarreglo que solucionó el profesor Quetelet colocando en diferentes ciudades un meridiano y un reloj de sol que marcara claramente las 12 del mediodía. En Brujas se hizo en 1837. El "meridia-

Markt

no" cruzaba diagonalmente el Markt y en la actualidad la línea es visible con remaches de cobre. Cuando cae la sombra de la esfera dorada sobre la línea es el medio día: exactamente las 12.00h de la hora solar.

calle había hasta mucho después del periodo borgoñés un montón de puestos donde se podían comprar especias, polvos medicinales y mezclas de hierbas. Gracias a su fama comercial, Brujas reunía y comerciaba con especias de todos los rincones de Europa.

El Markt, el corazón vibrante de Brujas

A través de la Wollestraat llega al Markt. La Plaza Mayor (Markt) está dominada por el Campanario **05**, un edificio majestuoso que es, desde hace siglos, torre de vigilancia ideal en caso de guerras, fuegos o cualquier otra calamidad. Aún

CONSEJO

Haga una parada en la cámara del Tesoro mientras sube a la torre del Campanario. Bajo su bóveda medieval se conservan el escudo y el tesoro de la ciudad. Puede hacer una segunda pausa en la "Planta de Piedra": encontrará una buena explicación sobre el reloj, el tambor y el carillón con sus 47 repiqueantes campanas, 27 toneladas de bronce. Con un poco de suerte, verá arriba del todo, a un par de escalones de las campanas, al carillonero tocando el teclado con sus puños.

Todas las semanas hay conciertos de carillón. Lea más al respecto en la pág. 83.

se puede subir a lo más alto de la torre, aunque para ello tenga que escalar sus 366 peldaños. Por suerte tendrá ocasión de descansar un par de veces durante el ascenso. Una vez arriba, se verá recompensado con una vista panorámica inolvidable. En mitad de la plaza se levanta la estatua de Jan Breydel y Pieter de Coninck, dos héroes populares de Brujas que desde la publicación en el siglo XIX de la novela histórica *El león de Flandes* gozan de fama entre el gran público por su papel durante la resistencia flamenca contra la dominación francesa en 1302. Desde este lugar tiene una vista magnífica del Corte Provincial (Markt 3) **19**, un edificio neogótico. A este lado de la plaza del Markt se alzaba hasta finales del siglo XVIII, el Waterhalle, un almacén cubierto donde se cargaba y descargaba con gran esfuerzo humano la mercancía. El agua pasaba por el Markt; hoy en día fluye canalizada bajo el suelo. ¿Tiene ganas de descansar? Dese el gusto de un viaje a caballo y explore la ciudad con un paseo de media hora en coche de caballo *(vea la pág. 47)* o durante 30 minutos con una verdadera bici carro *(vea la pág. 50)*. Si un paseo en minibús le atrae más, elija las excursiones de 50 minutos de City Tour *(vea la pág. 48)*. Una vez terminado siempre puede continuar con este paseo.

Del Markt a la Jan van Eyckplein

Deje el Markt a su izquierda y continúe por la Vlamingstraat.

Desde el siglo XIII, la Vlamingstraat fue

CONSEJO

Dos puestos de patatas fritas se encuentran enfrente de la torre del Campanario desde 1897. Un lugar tan privilegiado se traduce en ventas de un par de toneladas de patatas al año. Aquí se puede comprar patatas cualquier día y a cualquier hora.

la mayor calle comercial del barrio portuario. Muchos bancos tuvieron aquí una sucursal y la calle albergaba gran cantidad de tabernas. Cada uno de los edificios contaba con un gran sótano donde se almacenaban los barriles de vino recién desembarcados y procedentes de Francia o la región del Rin. Puede visitar la Taverne Curiosa (Vlamingstraat 22) con su sótano medieval, incluso con arcadas originales, y aún puede sentirse el ambiente de la época. Más o menos a mitad de camino de la Vlamingstraat le

Vlamingstraat

CISNES EN LOS CANALES

Tras la muerte de la querida María de Borgoña (1482) Brujas vivió momentos de agitación. Su sucesor, Maximiliano de Austria, intentó cargar a la ciudad con un nuevo impuesto, y sus ciudadanos pronto se levantaron en protesta. Maximiliano fue encerrado en la casa Craenenburg (Markt 16) y a través de las rejas de su ventana fue testigo de cómo su regente, valido y leal consejero Pieter Lanchals (o "cuello largo"), fue torturado y decapitado en la misma plaza. La más antigua leyenda asegura que, al volver al poder, el Duque de Austria obligó a los ciudadanos a mantener eternamente cisnes surcando los canales a modo de venganza. Pero la verdad es que en Brujas ya había cisnes desde principios del siglo XV, entonces era un derecho burgués y un símbolo de estatus.

llamará la atención a su izquierda el elegante Teatro Municipal **41** (1869), uno de los teatros mejor conservados de Europa. Detrás de la fachada neorrenacentista disfrute en su interior de una sala majestuosa y una entrada con lujo palaciego. Papageno, la figura creada por Mozart, custodia la entrada del Teatro Municipal, mientras que la partitura de la pieza está en la pequeña plaza al otro lado de la calle.

Siga caminando todo recto y tuerza a la derecha justo antes de llegar al agua y coja la calle Kortewinkel.

Casi escondida al gran público, aquí podrá admirar una fachada única: construida en el siglo XVI y completamente de madera, es uno de los dos ejemplares que aún se conservan en la ciudad (más adelante encontraremos el otro edificio). A escasos metros, en el número 10, puede hacer el segundo descubrimiento maravilloso: la antigua Casa Jesuita **09** que cuenta con un secreto jardín interior. Si la puerta se encuentra abierta no dude en entrar para disfrutarlo.

La calle Kortewinkel llega hasta el Spaanse Loskaai, el Muelle de los Españoles, puerto de los comerciantes españoles hasta finales del siglo XVI. El puente pintoresco que deja a la izquierda se llama el Augustijnenbrug, el

Puente de los Agustinos. Con sus más de 700 años es uno de los más antiguos de la ciudad. Sus piedras de sillar sirvieron originalmente como escaparates para el género y mercancías que los hacendosos vendedores aquí mostraban. Desde el puente puede admirar la hermosa vista que forma la esquina de la Spanjaardstraat, la Calle de los Españoles, con la calle Kortewinkel, y en su esquina derecha con la llamada "Huis de Noodt Gods" (la Casa de Dios) y hoy, según los brujenses, una casa encantada. Se dice que hubo una vez un cura enamorado de una de las monjas y ante el rechazo de ella, la asesinó para después suicidarse. Desde entonces llevan años vagando en la casa en ruinas...

Prosiga su paseo por el Spaanse Loskaai, tome la primera calle a la derecha y llegará a la Oosterlingenplein. Durante el Siglo de Oro de Brujas, esta plaza fue el rincón preferido de los comerciantes alemanes que tenían negocios en la ciudad. Su impresionante

consulado abarcaba toda la esquina izquierda de la plaza. Lo que queda de este hoy en día, el edificio a la derecha del hotel Bryghia, nos da una idea de la grandiosidad de antaño.

Atravesando la Oosterlingenplein llega al Woensdagmarkt donde llama la atención la estatua del pintor Hans Memling. Deje la plaza a la derecha y continúe por la calle Genthof.
Aquí encontrará la segunda fachada en madera original del medievo. Advierta cómo cada una de las plantas sobresale algo más que la anterior, una técnica de construcción que pretendía disminuir problemas de humedad (al mismo tiempo que proporcionaba superficie adicional) y que posteriormente fue imitada.

El Manhattan borgoñón

Siga caminando hasta llegar
a la Jan van Eyckplein.
Esta plaza fue el Manhattan del período borgoñón, el lugar por donde pasaba todo. Aquí se cargaban y descargaban

Genthof

CONSEJO

No deje de dar un agradable paseo por la calle Genthof, punto de encuentro artístico. Se va a sorprender con un tradicional soplador de vidrio, una tienda de piezas de decoración vintage y modernas galerías de arte. Y en la esquina con Langerei, 't Terrastje, probablemente la terraza más pequeña de la ciudad.

Jan Van Eyckplein (a la izquierda: Huis De Rode Steen)

las mercancías, y se pagaban los impuestos. Una frenética actividad con una banda sonora compuesta de diferentes idiomas, unos más ruidosos que otros. Eso sí, en cada una de las transacciones comerciales había un toque brujense: un agente de Brujas debía estar siempre implicado en la operación comercial y este, por supuesto, se llevaba su buen porcentaje. En la esquina de la plaza, en el número 8, maravilla el edificio del siglo XVI, Huis De Rode Steen, la Casa de Piedra Roja, la primera casa de Brujas que fue restaurada en 1877 con el subsidio de la ciudad. Un poco más allá, en el número 1-2 de la calle, puede ver la antigua Aduana 05 22, que originalmente, durante el siglo XIII fue residencia de un comerciante y partir del siglo XV se usó para cobrar los impuestos de aduanas por las mercancías y productos de origen interregional o internacional. En el lateral izquierdo de este monumental

edificio, se encuentra la Rijkepijndershuisje, la casita más estrecha de Brujas. Aquí se reunían los *rijkepijnders*, personas que vigilaban los trabajadores del muelle que se contrataban para cargar y descargar los fardos y barriles. Si mira con atención podrá ver un par de estos *pijnders* en la fachada.

Deje la plaza atrás y continúe todo recto hacia la Academiestraat.
En la esquina entre la Academiestraat y la Jan van Eyckplein se levanta otro notable edificio fácil de identificar gracias a su llamativa torre. Esta es la Poortersloge (Lonja de los Burgueses) 16, un edificio que data del siglo XV y donde se reunían los burgueses y comerciantes de Brujas. En su fachada destaca el Oso de Brujas, un importante símbolo para la ciudad. Desde 1720 a 1890 la Lonja de los Burgueses servía como Academia Municipal de Bellas Artes. Posterior-

EL OSO DE BRUJAS

Según la leyenda, cuando Balduino Brazo de Hierro, primer Conde de Flandes, visitó Brujas por primera vez en el siglo IX, el primer habitante con el que se encontró fue un oso pardo cubierto de nieve. Tras una violenta lucha consiguió acabar con él y a modo de publicidad para su hazaña, declaró al animal símbolo de la ciudad. Hoy en día "el residente más antiguo de la ciudad" se encuentra en una hornacina de la fachada de la casa Poortersloge y en algunas fiestas populares es adornado con trajes populares. El Oso de Brujas muestra el escudo de armas de la Hermandad del Oso Blanco, una asociación de justa de caballeros que se fundó poco después de que Balduino I hubiera vencido al oso "blanco" y se reunió en la Lonja de los Burgueses.

mente su colección formó la base para el Museo Groeninge. Desde 1912 hasta 2012 fue el Archivo del Estado.

El camino sigue hacia la Grauwwerkersstraat y la plaza que esta forma en el cruce con la Academiestraat es conocida desde hace siglos como la Beursplein. Aquí se llevaban los negocios de alto nivel. Las lonjas genovesa (también denominada Saaihalle **08** y hoy Museo de la patata frita **21**), florentina (ahora restaurante De Florentijnen) y veneciana (convertida en el poolbar The Monk) se encontraban juntas en este sector. Ante la casa "Ter Beurse" **11** (1276), el mesón central, se reunían los negociantes para tratar de sus negocios, cambiar monedas... El nombre de la casa está basado en la palabra neerlandesa "beurs", origen del término "Bolsa" en español y también utilizado en muchas otras lenguas.

Continúe por la Grauwwerkersstraat y deténgase un momento.

La fachada lateral de la casa "Ter Beurse" **11**, y para ser más exactos, la parte entre las ventanas a nivel del suelo es conocida porque aún se pueden observar las firmas de los canteros en los sillares. De esta manera se calculaba cuánto se debía pagar a cada uno de ellos. La casa de al lado, De Kleine

LAS HABLADURÍAS DE LA CORTE

> Felipe el Bueno no conocía a su futura esposa (Isabel de Portugal), y por su seguridad envió a Jan van Eyck a Portugal con el encargo de hacer un retrato de ella. Y con gran acierto, ya que la historia cuenta que la pareja tuvo un feliz matrimonio.

> Aunque la popular María de Borgoña solamente se hizo una pequeña fractura tras caer accidentalmente con su caballo, moriría algo después en el palacio debido a una perforación en el pulmón, y es que entonces aún no se había descubierto ningún remedio contra las infecciones.

> Durante la restauración del edificio fueron encontradas enterradas 578 monedas de plata acuñadas entre 1755 y 1787, lo que nos indica que las vigorosas hermanas inglesas que entonces habitaban el palacio escondieron su capital bajo tierra previendo el pillaje de las tropas francesas de Napoleón.

Beurse (la Pequeña Bolsa), está aún edificada al nivel original del suelo.

Continúe y luego tuerza a la izquierda en la Naaldenstraat, Calle de la Aguja. Lo primero que verá a su derecha es la elegante torre de Hof Bladelin, la Corte Bladelin **09**. Pieter Bladelin (representado sobre la puerta rezando a María), dueño original del palacio, alquiló primero y después vendió su casa a la familia de banqueros florentinos de Medici que explotaron una sucursal bancaria durante el siglo XV. Hoy la casita es propiedad de las hermanas de Nuestra señora de los siete Dolores.

Algo más lejos, cuando aviste la siguiente torre, diríjase a la derecha en dirección a la Boterhuis (Casa de la Mantequilla). La calle empedrada le transportará inmediatamente a la Edad Media. Continúe a la derecha y tuerza un poco antes de la Iglesia de Santiago hacia la calle Moerstraat.

09

CONSEJO

Detràs de la Boterhuis, en la Sint-Jakobsstraat 36, está el cine Cinema Lumière **15**, proveedor de las mejores películas. El hogar de cualquier amante del séptimo arte.

La Iglesia de Santiago **22** era frecuentada en su época por los duques borgoñones y comerciantes extranjeros y aún se puede ver su estela en los increíbles regalos que donaron a esta iglesia.

La Prinsenhof, la Corte de los Príncipes

Coja la siguiente calle a la izquierda, la Geerwijnstraat, que le llevará hasta la Muntplein.

La Muntplein, la Plaza de la Moneda formaba parte del dominio de la cercana Corte de los Príncipes **17**. Como su propio nombre indica, aquí se acuñaban las monedas. La estatua llamada *Flandria Nostra* (Nuestro Flandes), representa a una dama cabalgando y es un diseño del escultor belga Jules Lagae (1862-1931).

Al final de la calle tome a la derecha la Geldmuntstraat para desembocar un poco después en la Prinsenhof. Nuestra ruta acaba en un lugar excepcional: la Prinsenhof, o Corte de los Príncipes, una vez palacio de los duques de Flandes y los condes borgoñones. Este impresionante edificio, que fue originalmente siete veces más grande de lo que hoy se puede ver, fue agrandado en el siglo XV por Felipe el Bueno para celebrar su matrimonio (el tercero) con Isabel de Portugal. En este momento ya había un pequeño zoo. Cuando Carlos el Temerario contrajo nupcias con Margarita de York, el palacio fue ampliado con la mayor sala de baños de Europa y una cancha para jugar el "jeu de paume". Este fue el lugar de residencia favorito

de los duques y, rápidamente, se convirtió en el centro político, económico y cultural de la ciudad. Tanto Felipe el Bueno († 1467) como María de Borgoña († 1482) murieron en este lugar. La muerte de esta última supuso el inicio de la decadencia del palacio que finalmente pasaría a manos privadas hasta que en el siglo XVII una congregación de monjas inglesas lo transformara en una exclusiva escuela de niñas ricas. Hoy en día el edificio de la Prinsenhof está diseñado como un hotel de lujo.

CONSEJO

Si quiere hacerse una buena idea de este palacio y su magnífico jardín, siga las indicaciones en la Ontvangerstraat hacia el aparcamiento del hotel Dukes' Palace que se encuentra en la Moerstraat 27. Y por supuesto, usted y sus seres queridos se pueden obsequiar con una bebida refrescante en el bar del hotel, y disfrutar de la grandeza y lujo del complejo.

Paseo 3
Callejeando por la Brujas tranquila

Vesten

Podríamos denominar los barrios de Santa Ana y San Gil como la Brujas tranquila, pero incluso aquí, lejos de los lugares más populares, hay mucho que ver. ¿Qué pensará si le ofrecemos, por ejemplo, nostálgicos molinos de viento, modestos y sencillos barrios obreros y un par de clubes privados? Finalmente, para ayudarle a disfrutar de la tranquilidad que le rodea, ¡le invitamos a ir al bar más antiguo de Brujas!

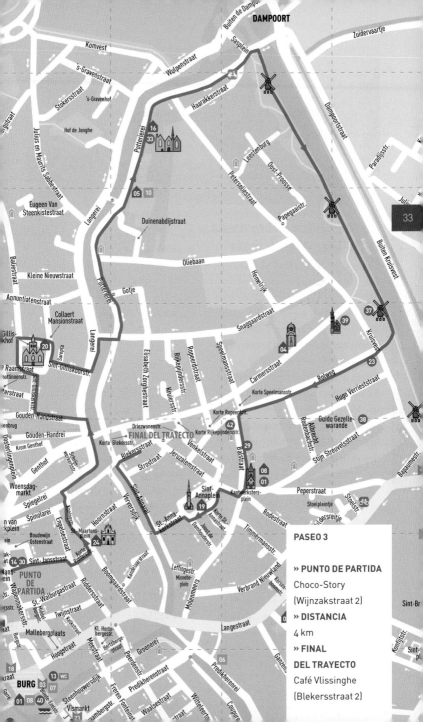

DAMPOORT

PASEO 3

» **PUNTO DE PARTIDA**
Choco-Story
(Wijnzakstraat 2)
» **DISTANCIA**
4 km
» **FINAL
DEL TRAYECTO**
Café Vlissinghe
(Blekersstraat 2)

33

Koningsbrug

Desde Choco-Story hasta la Gouden-Handstraat

No hay mejor lugar para iniciar la más larga de las rutas de esta guía que Choco-Story **14**. Este museo del chocolate no solo le sumerge en la sabrosa historia del chocolate y el cacao, sino que también tendrá la oportunidad de degustar este producto e incluso comprarlo. ¡Esperamos que el chocolate le ayude a reponer fuerzas para mantener el paso! En la misma dirección encontrará Lumina Domestica **30**, el museo con la mayor colección de lámparas del mundo y con más de seis mil antigüedades.

Gire a la izquierda en la Sint-Jans-straat, llegue a la Korte Riddersstraat y continue hasta el final de la calle. Deténgase ante la impresionante Iglesia de Santa Walburga **24**. Esta hermosa iglesia barroca (1619-1642) cuenta con un notable altar y banco de comunión, ambos trabajados en mármol. Al lado de este edificio, en el número 5, se encuentra una elegante casa señorial del siglo XVIII.

Siga caminando a través de la Koning-straat hasta que llegue a un puente. Desde el puente que une los poéticos canales Spinolarei y Spiegelrei, a la izquierda tendrá una hermosa vista de la plaza Jan van Eyck *(más información en el Paseo 2, en las pág. 27-29)*. En Spiegelrei 3, también destaca la Oud Huis Amsterdam, una histórica casa señorial que alberga en la actualidad un elegante hotel. Este área de Brujas fue poblada en gran parte por escoceses e ingleses, y estos últimos incluso contaban en el Spinolarei con su propio pasadizo y escalera donde cargar y descargar la mercancía. La escalera aún existe y la calle en la que se encuentra se llama, apropiadamente, Engelsestraat, la Calle inglesa. El gran edificio blanco (Spiegelrei 15), al otro lado del puente, es el antiguo colegio de los jesuitas ingleses.

San Gil, casa de obreros y artistas

Cruce el puente y continúe a la derecha, tras cuatro calles gire a la izquierda, por la Gouden-Handstraat.

La Gouden-Handstraat y la parroquia de San Gil fueron conocidas durante el siglo XV como el barrio de los artistas. El estudio de Jan van Eyck estuvo en esta calle, probablemente Memling se hospedó en la Sint-Jorisstraat, y muchos otros, quizá no tan conocidos compañeros pintores, eligieron los alrededores de esta parroquia para establecerse.

Gire directamente a la derecha y camine por la Sint-Gilliskerkstraat.
Al final de esta calle encontrará la Iglesia de San Gil **20**, centro neurálgico del barrio. En 1258 esta iglesia, originalmente una capilla, fue declarada parroquia. A pesar de su interior neogótico y sus preciosos cuadros parece más bien una sencilla pero robusta iglesia de pueblo. Pero no se confunda, en y alrededor de la iglesia descansaban los restos de afamados pintores como Hans Memling

(† 1494), el pintor mejor pagado de la época, Lanceloot Blondeel († 1561) y Pieter Pourbus († 1584). El cementerio, y con ello sus tumbas, hace tiempo que desaparecieron, pero las almas de sus artistas continúan flotando en el barrio.

Pase por delante de la iglesia y tome la Sint-Gilliskoorstraat.
Paseando notará que, a pesar del pequeño tamaño de estas casas de obreros, muchas de ellas tienen una ventana clausurada. Esto es debido a que en el año 1800 existía un impuesto que gravaba dependiendo del número de ventanas, y así fue como muchas de ellas desaparecieron.

Desde el Potterierei hasta los Vesten

Al final de la calle diríjase a la izquierda en el Langerei y cruce el primer

Woensdagmarkt

20

BRUJAS Y EL MAR

El Langerei fue durante siglos la garantía de riqueza de Brujas. Este canal comunicaba directamente con el Zwin, la salida al mar, gracias a una gran esclusa en Damme conocida como el Speie. En la Edad Media, mientras Damme crecía en su condición de pre-puerto, Brujas fue el más importante centro comercial de todo el norte occidental de Europa. El arte y la cultura florecían y la abundancia se antojaba interminable. Pero, las cosas cambiaron rápidamente tras la súbita muerte de María de Borgoña (en 1482). Las relaciones entre la ciudad y los Borgoñones se enfriaron, la corte abandonó la ciudad y con ellos los comerciantes extranjeros y sus riquezas. Mientras tanto el Zwin se convirtió en un banco de arena y Brujas perdió irremediablemente su privilegiada posición comercial. Gracias a una serie de intrigas políticas la ciudad cayó en un largo período de letargo.

puente, el hermoso Snaggaardbrug hacia el Potterierei donde girará a la izquierda y ya habrá recorrido una buena parte de la ruta.

Una vez que haya andado una buena parte del Potterierei, encontrará a su derecha el Seminario Mayor de Brujas (número 72) **05**. Éste es un lugar inigualable en la ciudad, con sus abundantes árboles frutales y sus prados para el pasto de las vacas. Durante los años 1628-1642 fue construida aquí una abadía cisterciense (la abadía "Duinenabdij") que adquirió gran fama por su riqueza y eruditos habitantes. Durante la Revolución Francesa la abadía fue na-

cionalizada y el abad y sus monjes desaparecieron. Los edificios de la abadía del siglo XVII sirvieron posteriormente como hospital militar, almacén militar y ateneo real, hasta que en 1833 fue declarado Seminario Mayor. Allí se formaron hasta 2018 sacerdotes católicos. Hoy en día el Seminario Mayor es un centro de educación y formación para el obispado y donde encontrará un centro de estudios y formación de la Universidad de las Naciones Unidas **10** . Pocos metros más allá se esconde Nuestra Señora de la Potterie (número 79B) **16** **33** . Ya en el siglo XIII las hacendosas monjas cuidaban a los peregrinos, viajeros y enfermos. En el siglo XV se convirtió en una residencia de ancianos. Puede visitar la iglesia gótica del hospital, de interior barroco y la rica colección de arte reunida a través de los siglos. ¡Una perla escondida que la mayoría del público aún no ha descubierto!

Camine hasta la esclusa y disfrute unos momentos de la vista.
Desde este punto puede ver el inicio del Damse Vaart, el canal que lleva a la romántica Damme. Hoy lugar idílico, hubo un día en el que esta ciudad fue un punto estratégico de guerra. Hasta la Guerra de los Ochenta años Brujas conectaba con la ciudad neerlandesa Sluis a través de Damme. El ambicioso Napoleón ansiaba hacerse con el poder de esta salida al mar a través del "Zwin", la entrada natural al Damse Vaart. Una vez en sus manos planeaba obligar a los prisioneros de guerra es-

CONSEJO

¿Le ha entrado la curiosidad? ¿Prefiere un viaje más confortable que ir andando? Embárquese en la travesía del barco Lamme Goedzak 🚉 , un viaje con estilo a Damme. Una vuelta nostálgica. *(Se puede encontrar más información en la pág. 51.)*

pañoles a dragar un nuevo trazado para el agua que llegara hasta Amberes. Así podría convertir esa ciudad portuaria en una base naval y minimizar a los ingleses y sus bloqueos. Damme iba a ser fracturada en dos. Finalmente, los planes del pequeño general nunca fueron realizados en su totalidad. En 1814 las tropas de Napoleón fueron expulsa-

Sasplein

das. Bajo el mecenazgo de Guillermo I, rey de los Países Bajos, que también vio la prosperidad en tal canal de comunicación, se siguió excavando hasta 1824. La independencia de Bélgica en 1830 hizo que al final todo el proyecto acabara en Sluis. Hoy en día puede en cambio disfrutar del encantador camino que, paralelo al canal, lleva hasta este pueblo: camino de bicis, prohibido a los coches. Es absolutamente aconsejable recorrerlo ya que cruza esos paisajes típicos de los Países Bajos que el afamado cantante belga Jacques Brel cantaba en sus canciones. Un poético canal, acompañado de altos álamos, retorcidos por la fuerza del viento del oeste y todo ello en medio del paisaje único de los pólderes.

Continúe hacia la derecha y sumérjase en los Vesten, antiguas murallas de la ciudad y hoy cinturón verde de esta.

En el siglo XVI se levantaban unos 30 molinos en este lugar. Hoy en día, solo se han conservado cuatro de ellos. A partir del siglo XVIII los molineros vieron como su negocio desaparecía: el consumo de pan se redujo debido al creciente consumo de la patata y a la recién inventada máquina de vapor que sustituía a los tradicionales molinos. Aún puede visitar hoy en día uno de

39

EL GREMIO DE LOS TIRADORES, ¡120 HOMBRES Y 2 REINAS!

En lo que fueron los barrios más pobres de Brujas en el siglo XIX, hoy se encuentran dos activos clubes de tiro. Desde la cima de la colina del Molino Sint-Janshuis puede ver, abajo a su izquierda, el Gremio de los Ballesteros de San Jorge **38**, un gremio de ballesta en el que solo se practican dos disciplinas: tiro en el exterior a "pájaros" (Popinjay o Papingo), de manera prácticamente vertical, y en interior a una diana. A su derecha, con una llamativa y graciosa torre, se encuentra el Gremio de los Arqueros de San Sebastián **39**. Este último data de hace más de 600 años, lo que lo hace único en el mundo. La sociedad cuenta con unos 120 miembros hombres y dos notables socias femeninas: la Reina de Inglaterra y Matilde, la Reina de Bélgica. Desde que Carlos II, Rey de Inglaterra en el destierro, escogiera Brujas como su residencia en el siglo XVII, existe una estrecha relación entre la Casa Real inglesa y la ciudad. Carlos fundó dentro del Gremio de los Arqueros de San Sebastián la Guardia de Granaderos Británicos y el Regimiento de *Life Guards*. Para visitar el Gremio de los Arqueros de San Sebastián, haga una cita a través del sitio web www.sebastiaansgilde.be.

los molinos, el de Sint-Janshuis .
Un molinero no solo se lo explicará,
le mostrará también cómo se molía.
En todo caso suba las colinas donde
se alzan el Molino Sint-Janshuis y el
Bonne Chiere (justo al lado de la Kruis-
poort 12). En la cima de estos montí-
culos de molinos podrá deleitarse
con una fantástica vista panorámica.
Un lugar ideal para refrescar todo lo
nuevo que ha aprendido de la ciudad.
¡Pero todavía hay más! A la derecha
está la Verloren Hoek, la Esquina Per-
dida, que, si hoy está en un tranquilo
barrio popular, en el siglo XIX era tan
pobre que incluso la policía intentaba
evitarlo.

La Brujas tranquila

Baje la colina y diríjase a la derecha,
al Rolweg.

A la vuelta de la esquina se encuentra el
Museo Gezelle 23 , la casa de nacimiento de Guido Gezelle (1830-1899), uno de
los poetas flamencos más reconocidos.
En el museo podrá disfrutar de cartas
manuscritas, sus utensilios de escritura,
el encantador y tranquilo jardín de la
casa y su pino centenario de Córcega. La
madre y el padre de Guido trabajaban en
la casa como jardinero y ama de llaves y,
a cambio de su trabajo, ganaban un hogar para la familia. En este ambiente
maravilloso creció el pequeño Guido, y al
que volvió muchos años tras vagar por
otras ciudades. Fue capellán de la Iglesia de Santa Walburga 24 y tomó la dirección del Convento inglés 04 donde
murió. Sus últimas palabras fueron: *"Me
gusta tanto escuchar el canto de los pájaros..."*. Aquí, en el barrio más verde de la

> ### CONSEJO
>
> ¿Quiere ver algo más? Dé un paseo
> por la calle Albrecht Rodenbach-
> straat, una joya escondida. Esta pe-
> queña calle es una continuación de
> bonitas casas con fachadas escalo-
> nadas u otros estilos. Todas ellas
> con un pintoresco jardín frontal.

CONSEJO

Para aquellos que quieran un poco de descanso, pueden relajarse en el amplio jardín cerrado del Volkskundemuseum (Museo de Cultura Popular) **42**, un lugar tranquilo y encantador en la ciudad que cuenta incluso con una pista de petanca. En la calle Balstraat 16, se encuentra el Centro del encaje **29**, instalado en la antigua escuela de encajeras. Entre durante una de las demostraciones (14.00-17.00h; los domingos y días de fiesta, no hay demostraciones), y le llamará inmediatamente la atención lo popular que es hacer bolillos hoy en día, tanto entre jóvenes como personas mayores.

ciudad, se entiende a la perfección lo que este cura y poeta quiso decir.

Coja la segunda calle a la izquierda, la Balstraat.
Esta pintoresca calle de clase obrera acoge el Museo de Cultura Popular **42**. Una fila de casas de caridad construidas en el siglo XVII, que fueron restauradas y reconstruidas a imagen de diferentes interiores artesanos: desde una carpintería o una confitería hasta una clase de escuela. Aquí puede curiosear cómo era y cómo se vivía en aquellos tiempos. Una vez fuera percibirá la original torre de la Capilla de Jerusalén **08**. Esta capilla

29

Café Vlissinghe

fue mandada construir en el siglo XV por la familia Adornes, una importante familia comercial de origen genovés que se instaló en una preciosa finca **01** de la calle Peperstraat. En 1470, el padre de familia, Anselm Adornes, animó a uno de sus dieciséis hijos a seguir la peregrinación desde Padua hasta Tierra Santa. De vuelta a tierras flamencas, ambos decidieron construir aquí una réplica de la Iglesia del Santo Sepulcro. ¡El resultado es extraordinario! En la propiedad de los Adornes **01** anexo conocerá esta prominente familia y su intrigante historia.

En el cruce, continúe por la derecha y camine por la Jeruzalemstraat. Una vez llegado a la iglesia, tuerza a la izquierda, en la plaza Sint-Annaplein. Esta plaza está dominada por la aparentemente sencilla Iglesia de Santa Ana **19**. Su exterior puede dar la sensación de sobriedad, pero en su interior se esconde una de las iglesias barrocas más bonitas de Brujas. A medida que el barrio se hacía más rico, la iglesia también obtenía mayor lustro.

Deje la iglesia a su espalda, prosiga todo derecho por la Sint-Annakerkstraat y, un poco después, gire a la derecha y continúe por el Sint-Annarei. En la esquina donde se unen los dos canales, se alza orgullosa una de las casas rococó más hermosas (Sint-Annarei nº 22) de la ciudad. Siéntese cómodamente en uno de los bancos y disfrute de esta extraordinaria vista.

Vuelva unos metros atrás y coja a la izquierda la Blekersstraat, justo al final del puente.
El número 2 de esta calle acoge el Café Vlissinghe, sin duda la taberna más antigua de Brujas, en funcionamiento interrumpidamente desde 1515. Siglos de historia y un ambiente inmejorable para poner punto final a este recorrido, cómo no, saboreando una cerveza de la región. No lo olvide, déjela reposar y ¡salud!

La historia de Brujas

A pesar de que la región de Brujas ya estaba habitada en la época romana, el nombre de la ciudad aparece por primera vez en el siglo IX. Proviene seguramente de la palabra en antiguo germánico "brugj" o embarcadero. Brujas tiene una relación especial con el mar. El agua ha jugado siempre un importante papel. Aquí afluyen una serie de riachuelos para formar un río (el Reie), que desemboca al norte en la costa. A través de los "canales de marea", este río se conectó con el Mar del Norte que supuso un camino de éxito y prosperidad.

Debido a su ventajosa ubicación y conexión con el mar, Brujas evolucionó en el bajo medievo hasta convertirse en un vibrante puerto comercial internacional. Al mismo tiempo la fortaleza amurallada crecía hasta convertirse en un bastión con poder político, gracias a la presencia de los condes de Flandes, que gobernaban su condado desde Brujas. En el siglo XIII Brujas se enorgullecía de poder llamarse el centro comercial más importante de la Europa septentrional occidental. Comerciantes de toda Europa se afincaron en la ciudad y la primera Bolsa del mundo fue la de Brujas. Las actividades bursátiles tenían lugar en una plaza delante del albergue perteneciente a la familia de corredores de Brujas llamada Van der Beurse. De esa forma su nombre se vio ligado a la institución financiera para siempre. Bolsa en flamenco se dice "Beurs". A pesar de las dificultades típicas de la Edad Media – epidemias, inestabilidad política y desigualdad social – los ciudadanos de Brujas vivían bien, y rápidamente la ciudad se convirtió en un imán. Hacia el 1340, el centro contaba con no menos de 35.000 habitantes.

El Siglo de Oro

La buena fortuna seguía y durante el siglo XV, el Siglo de Oro en Brujas, las cosas fueron todavía a mejor. Flandes pertenecía desde finales del siglo XIV al Reino de los Condes de Borgoña. Ampliaron su residencia en Brujas y en breve la ciudad se convirtió en un centro cultural importante. Además de las sábanas tradicionales, se fabricaban y vendían nuevos productos de lujo a un ritmo vertiginoso. Pintores afamados, como Jan van Eyck y Hans Memling – los grandes primitivos flamencos – encontraban aquí su fuente de creatividad. Las bellas artes reinaban en la ciudad, y a la vez que se construían

Plaza del Mercado, siglo XVII, y a la izquierda el desaparecido Waterhalle, un almacén cubierto

Plaza Burg, siglo XVII, a la izquierda la desaparecida Catedral de San Donaciano y en el centro la antigua fachada del Franconato de Brujas

Ambos cuadros de Jan-Baptist Meunincxhove, se pueden ver en el Ayuntamiento en la plaza Burg.

hermosas iglesias y casas civiles, se finalizó el monumental Ayuntamiento. Brujas parecía intocable.

La caída

El repentino fallecimiento de la amada soberana María de Borgoña en 1482 marcó el gran cambio. La relación entre los habitantes de la ciudad y el viudo Maximiliano de Austria se enfrió, y finalmente la corte de Borgoña abandonó la ciudad. Los comerciantes internacionales les siguieron. La conexión de Brujas con el mar también cambió rápidamente. Era el fin del Siglo de Oro y siguieron largos siglos de guerras y cambios de poder. Tras la independencia de Bélgica en 1830, y a mediados del siglo XIX, Brujas era una ciudad empobrecida. Lo sorprendente es que una novela cambiara el rumbo de la historia.

El Renacimiento

En el *Brujas la muerta*, Georges Rodenbach (1892) describió acertadamente Brujas como una ciudad soñolienta, con un misterio singular. Sobre todo las 35 fotos que aparecen en el libro despertaron la curiosidad de los lectores. Su increíble patrimonio fue pronto redescubierto, y su secreta intimidad se convirtió en su mayor trofeo. Poco a poco, Brujas fue dando sus primeros pasitos en el turismo. El deseo de conexión con el mar hizo que a finales del siglo XIX se construyera un nuevo puerto marítimo internacional, con el nombre de Zeebrugge.

La Brujas de hoy

Durante la Primera Guerra Mundial, Zeebrugge se convirtió en la base de salida de la flota de submarinos alemanes, controlados desde el cuartel general en el Mercado de Brujas. Ambas guerras mundiales dejaron intacto el casco histórico, lo que acrecentó el interés por Brujas. Y este interés se coronó cuando en 2000 la UNESCO consideró todo el casco medieval, patrimonio mundial de la humanidad. El resto es historia.

Rozenhoedkaai

¿Cómo orientarse en **Brujas**?

Explorar Brujas

Canales de Brujas

No podemos negarlo, es una delicia perderse en las retorcidas callejuelas de Brujas. Con todo y con eso, sigue siendo atractivo explorar la
ciudad de una forma más activa. En ese caso, tiene muchas opciones:
con un guía que le mostrará durante una excursión andando o en bici
innumerables rincones escondidos, un viaje en barco por los misterio-
sos canales o un paseo romántico en carroza. O elija un minibús, si
quiere ver lo más destacado rápida y cómodamente. ¿Quiere un poco
más de emoción? Haga jogging por toda la ciudad, vaya en un moderno
Segway o dé un inolvidable paseo en globo. Para el gusto de todos.

DOS EXCURSIONES
QUE NO SE PUEDE PERDER
CANALES MISTERIOSOS Y TROTES RÍTMICOS

Los canales de Brujas son las arterias de la ciudad y no hay nada más delicioso que navegar en un barquito mientras ve pasar los rincones más hermosos de la ciudad. Desde el canal descubre nidos de amor escondidos y jardines secretos. Se puede embarcar desde uno de los cinco amarraderos en el centro de la ciudad. Una excursión en barco dura media hora.

O elija un paseo romántico en calesa a través de las plazas centenarias y cruzando puentes encantadores. Durante media hora se dejará llevar por el sonido rítmico de los cascos, mientras se relaja admirando los rincones más pintorescos de Brujas. Durante el paseo, el cochero va explicando detalles y más o menos a mitad de camino se hace una breve parada en el Beaterio.

🚤 Brujas en barco

ABIERTO > Salidas en barco garantizadas desde marzo hasta mediados de noviembre: en principio todos los días, 10.00-18.00h, último viaje a las 17.30h
PRECIO > 10,00 €; niños de 4 hasta 11 años: 6,00 €; niños hasta 3 años: gratis

🐴 Brujas en calesa

ABIERTO > Todos los días, de 9.00h a 18.00h mínimo y 22.00h como máximo
PRECIO POR CALESA > 50,00 €; 5 personas máx.
ENCUENTRO > En el Markt pero los miércoles por la mañana en la plaza Burg
INFO > www.hippo.be/koets

🚌 Brujas en autobús

City Tour Brugge

Los minibuses de City Tour ofrecen un tour de 50 minutos por los lugares más bellos de Brujas y los lugares de interés más importantes.

ABIERTO > Diariamente, cada media hora (también en días festivos).

El primer autobús sale a las 10.00h.

El último viaje sale:
> a las 16.00h desde el 1/11 hasta el 31/1
> a las 16.30h desde el 1/2 hasta el 9/2
> a las 17.00h desde el 10/2 hasta el 28/2
> a las 17.30h desde el 1/3 hasta el 15/3 y desde el 16/10 hasta el 31/10
> a las 18.00h desde el 16/3 hasta el 30/4 y desde el 1/10 hasta el 15/10
> a las 19.00h desde el 1/5 hasta el 30/9

No hay viajes a las 18.30h

DÍA ESPECIAL DE CIERRE > El 15/9

PRECIO > Incluye cascos individuales con una explicación privada (16 idiomas disponibles): 20,00 €; niños de 6 hasta 11 años: 15,00 €; niños hasta 5 años: gratis

ENCUENTRO > Markt

INFO > www.citytour.be

Photo Tour Brugge

Ya sea un novato de la fotografía o un verdadero profesional, Andy McSweeney le llevará durante el recorrido del Photo Tour a los lugares más fotogénicos de la ciudad.

ABIERTO > Diariamente: "Edges of Brugge" (10.00-12.00h), dedicado a los canales y callejuelas; "Essential Brugge" (13.00-15.00h), enfocado a los clásicos de Brujas; en "Hidden Brugge" (16.00-18.00h) va a la búsqueda de lugares menos conocidos. La excursión privada "Shades of Brugge" (20.00-23.00h) le hará vivir la vida nocturna de Brujas.

PRECIO > 60,00 € (máx. 5 fotógrafos por paseo); tour privado: 220,00 € (máx. 3 fotógrafos); cada participante fotógrafo puede llevar un acompañante no-fotógrafo gratis. Es obligatorio reservar, aunque se puede hacer la reserva el mismo día.

ENCUENTRO > Basílica de la Santa Sangre, en la plaza Burg

IDIOMAS > Inglés, y con petición previa, en francés y/o neerlandés

INFO > Tel. +32 (0)486 17 52 75, www.phototourbrugge.com

Brujas mi corazón

Paseos de calidad con guías locales

Durante este paseo exclusivo (16 personas máx.) un guía urbano de Brujas le llevará por una ruta fascinante. No solo descubrirá los muchos edificios y sitios históricos, sino también descubrirá las perlas y los lugares escondidos. El paseo empieza con una vista panorámica impresionante de la ciudad desde la

azotea de la Sala de conciertos. ¡Una experiencia única!

ABIERTO > Descubra en www.visit bruges.be cuándo puede reservar un paseo o entre en una de nuestras 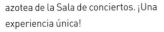 oficinas de información.

PRECIO > (Con reserva) 12,50 €; niños hasta 11 años: gratis

ENCUENTRO > El paseo arranca desde la ℹ️ oficina de información 't Zand (Sala de conciertos)

IDIOMAS > Francés, inglés, neerlandés. Dependiendo de la temporada, también en alemán

TICKETS > ℹ️ Oficinas de información Markt (Historium), 't Zand (Sala de conciertos) y www.ticketsbrugge.be

APP > Otra forma de explorar la ciudad a pie (o en bici) es con la app gratis Xplore Bruges. *Si desea más información, consulte www.xplorebruges.be y la pág. 98.*

INFO > Tel. +32 (0)50 44 46 46, www.visitbruges.be

Brujas corriendo

Tourist Run Brugge – guided tours
Corra de manera guiada y a ritmo pausado por las calles y callejuelas de Brujas. El recorrido, que acaba en el Markt, es de 9,5 km y con las explica-

ciones que obtiene durante la carrera, cuente con 1 hora o 1 hora y media.

ABIERTO > Diariamente, tour en las 7.00h, 8.00h, 9.00h, 17.00h, 18.00h, 19.00h, 20.00h y 21.00h. Es obligatorio reservar con antelación.

PRECIO > 30,00 €; reserva para 2 corredores: 25,00 €/pers.; desde 3 corredores 20,00 €/pers.

ENCUENTRO > En la estatua de Jan Breydel y Pieter de Coninck, en la plaza del Markt. Se le puede ir a buscar a su hotel o alojamiento con petición previa.

IDIOMAS > Francés, inglés, neerlandés, alemán

INFO > Tel. +32 (0)483 49 15 74, www.touristrunbrugge.be

Brujas en bici

QuasiMundo Biketours: Brujas en bici
Descubra a través de sus callejuelas el carácter medieval de Brujas. Las fascinantes historias del guía le transportarán a tiempos en que condes y duques gobernaban la ciudad. Durante la ruta, pasará por casi toda la ciudad.

ABIERTO > Desde el 1/3 hasta el 31/12: diariamente, 10.00-12.30h. Es obligatorio reservar con antelación.

PRECIO > Bicicleta y chubasquero

incluidos: 30,00 € o 28,00 € (jóvenes de 9 a 26 años); en caso de traer su propia bici: 18,00 € o 16,00 € (jóvenes de 9 hasta 26 años); niños hasta 8 años: gratis
ENCUENTRO > Predikherenstraat 28, 10 min. antes de la salida
IDIOMAS > Inglés pero si se solicitan también francés, alemán, neerlandés
INFO > Tel. +32 (0)50 33 07 75 o +32 (0)478 28 15 21, www.quasimundo.eu

(Vea también "Excursiones guiadas en la Campiña de Brujas", pág. 142.)

🔵 Brujas en bici carro

Fietskoetsen Brugge

Descubra de una forma única y ecológica los rincones más románticos y los monumentos históricos de la ciudad. Un guía personal le llevará en bici carro a dar un paseo de 30 minutos.

ABIERTO > Desde el 1/1 hasta el 30/4 y desde el 1/11 hasta el 15/12: los sábados y domingos, 11.00-17.00h, disponible a otras horas con cita; desde el 1/5 hasta el 31/10 y desde el 16/12 hasta el 31/12: martes a domingo, 10.00-18.00h
PRECIO POR BICI CARRO > 24,00 €; 3 personas máx.
ENCUENTRO > En la plaza del Markt a la altura del Burger King; pero los miércoles por la mañana en la plaza Burg
IDIOMAS > Español, francés, inglés, neerlandés
INFO > Tel. +32 (0)478 40 95 57, www.fietskoetsenbrugge.be

🔵 Brujas en Segway

Segway Brugge

Una forma original de explorar la ciudad

sin tener que dar un solo paso. Después de practicar brevemente, el guía personal le llevará por lugares históricos, monumentos, edificios especiales y tesoros escondidos de Brujas. También puede elegir un tour de chocolate, Brujas de noche, cena o cerveza.

ABIERTO > Diariamente, tours a las 10.00h, 12.00h, 14.00h, 16.00h y 18.00h
PRECIO > Tour estándar: 40,00 € (1 hora) o 55,00 € (2 horas), otras rutas son más caras. Es obligatorio reservar, pero se puede hacer incluso en el mismo día (2 personas mín.).
IDIOMAS > Francés, inglés, neerlandés, alemán
INFO Y ENCUENTRO > Site Oud Sint-Jan, Zonnekemeers 18, tel. +32 (0)50 68 87 70 o +32 (0)495 90 60 60, www.segwaybrugge.be

Brujas desde un globo

Bruges Ballooning

La manera más aventurera y, probablemente la más romántica, de descubrir Brujas es en globo. Bruges Ballooning organiza excursiones de mañana, o de tarde sobre Brujas. Los paseos tardan 3 horas, ¡de las que al menos 1 está en el aire!

ABIERTO > Desde el 1/4 hasta el 31/10:

diariamente, reserva necesaria, pero puede reservar hasta pocas horas previas a la salida el mismo día

PRECIO > 180,00 €; niños de 4 hasta 12 años: 110,00 €

ENCUENTRO > Se le recoge y devuelve a su alojamiento.

IDIOMAS > Español, francés, inglés, neerlandés

INFO > Tel. +32 (0)475 97 28 87, www.bruges-ballooning.com

🚢 Lamme Goedzak Damme (barco de vapor de ruedas)

El nostálgico barco Lamme Goedzak navega cuatro veces al día de ida y vuelta por el canal entre Brujas y el centro de Damme.

ABIERTO > De martes a sábado durante las vacaciones de Pascua y desde el 1/5 hasta el 30/9: salidas de Brujas a Damme a las 12.00h, 14.00h, 16.00h y 18.00h; salidas de Damme a Brujas a las 11.00h, 13.00h, 15.00h y 17.00h

PRECIO > 10,50 € (ida) o 14,50 € (ida y vuelta); 65+: 10,00 € (ida) o 12,50 € (ida y vuelta); niños de 3 hasta 11 años: 9,00 € (ida) o 11,50 € (ida y vuelta). Las entradas solo se pueden comprar en el barco.

ENCUENTRO > Suba a bordo en Brujas en el embarcadero Noorweegse Kaai 31 (mapa de la ciudad: J1). Suba a bordo en Damme en Damse Vaart-Zuid.

INFO > Tel. +32 (0)50 28 86 10, www.bootdamme-brugge.be

Paseo en barco por el puerto de Zeebrugge

El tour en barco de 75 minutos pasa por la base naval, la esclusa de Pierre Vandamme (una de las esclusas más grandes del mundo), la terminal de gas, el parque eólico, la isla de los estorninos y los barcos crucero y las dragas. Mientras tanto podrá admirar como inmensos barcos de contenedores cargan y descargan en el muelle. Una experiencia única para conocer mejor el puerto y sus actividades diarias.

ABIERTO > Desde el 1/4 hasta el 13/10: los fines de semana y los días de fiesta, excursión a las 14.00h; desde el 1/7 hasta el 31/8: diariamente, a las 14.00h y las 16.00h; desde el 1/8 hasta el 15/8: diariamente, una excursión extra a las 11.00h

PRECIO > A bordo: 12,50 €; 60+: 11,50 €; niños de 3 hasta 11 años: 10,00 €. Si compra su ticket en línea, tendrá un descuento.

ENCUENTRO > Suba a bordo en el embarcadero al final de la calle Tijdokstraat (antiguo puerto de pescadores), Zeebrugge

IDIOMAS > Francés, inglés, neerlandés, alemán. También puede descargar gratis el comentario en su Smartphone.

INFO > Tel. +32 (0)59 70 62 94 (para salidas fuera de las horas fijas de navegación), www.franlis.be

Museos, lugares de interés y otras atracciones

Relicario de Ursula (Hospital de San Juan)

Brujas cuenta con varios lugares únicos que no se puede perder: testigos acogedores de un rico pasado. Los primitivos flamencos son, sin duda, la perla de Brujas, con el *Relicario de Ursula* de Hans Memling y la *Madonna con canónigo Joris van der Paele* del pintor Jan van Eyck. Pero los amantes del arte no van a ser defraudados ya que la oferta de Brujas es amplia y exquisita. Desde esculturas de arte moderno, a la famosa *La Madonna de Brujas* de Miguel Ángel, pasando por una visita al Centro del Encaje.

EL MUSEO GRUUTHUSE
VUELVE A ABRIR SUS PUERTAS
EL PALACIO DE LAS MARAVILLAS

Uno de los monumentos más mágicos de Brujas es el histórico palacete de Gruuthuse, donde residían cómodamente los señores de Gruuthuse. Después de una larga restauración, el lujoso palacete del siglo XV reabrirá sus puertas durante el 2019. El lema familiar *"Plus est en vous"*, que viene a decir "Hay algo más en ti (que lo que piensas)" cuelga con orgullo sobre la puerta de la residencia. El resultado de la restauración es igual de impresionante dentro que fuera. El Museo Gruuthuse deja admirados a todos los visitantes. Las muchas escaleras (de caracol) y las habitaciones pequeñas y grandes conectadas de la ruta del museo lo convierten en un auténtico viaje de exploración. Los objetos centenarios le dan vida a los 500 años de historia de Brujas para que conozca la élite de la ciudad, los miembros de gremios y los artesanos diestros con aspiraciones de refinamiento y prestigio.

Pero no solo se hicieron tareas de mantenimiento en el palacio. También el romántico patio interior se remodeló totalmente, con un pabellón de cristal que servirá como punto central de información y taquilla de no solo el Museo Gruuthuse sino también de la adyacente Iglesia de Nuestra Señora. Con la construcción del pabellón se tiende un nuevo puente entre lo viejo y lo nuevo y el patio Gruuthuse recobra al mismo tiempo su carácter íntimo y privado. Además, es el lugar ideal para comprar su Musea Brugge Card.

(Siga leyendo en las págs. 64, 67 y 75.)

📶 01 08 Adornesdomein – Jeruzalemkapel (Finca Adornes – Capilla de Jerusalén)

El dominio Adornes se compone de la casa señorial de la acomodada familia de comerciantes Adornes, de la Capilla de Jerusalén, una obra maestra del siglo XV construida por la familia, y una serie de casas de la caridad. En el museo multimedia entrará en la vida de Anselmo Adornes y conocerá la época y mundo borgoñones de cuando vivió.

ABIERTO > Desde el 1/10 hasta el 31/3: de lunes a sábado, 10.00-17.00h; desde el 1/4 hasta el 30/9: de lunes a viernes, 10.00-17.00h y sábado, 10.00-18.00h

DÍAS ESPECIALES DE CIERRE > Los días de fiesta (belgas)

PRECIO > 8,00 €; 65+: 6,00 €; jóvenes de 7 hasta 25 años: 4,00 €; niños hasta 6 años: gratis; descuentos para familias: gratis a partir del tercer niño

INFO > Peperstraat 3A, tel. +32 (0)50 33 88 83, www.adornes.org

♿ 02 Archeologiemuseum (Museo Arqueológico)

Bajo el lema "sienta el pasado en su piel" y a través de una exposición interactiva, este museo le enseña la historia de BruJas: hallazgos arqueológicos, réplicas y reconstrucciones nos muestran de una manera lúdica lo que fue la vida diaria en la ciudad: la vida y la muerte, el trabajo y los hogares, sus enigmas y misterios.

ABIERTO > De martes a domingo, 9.30-12.30h y 13.30-17.00h (abierto el lunes de Pascua y de Pentecostés; el 24/12 y el 31/12, hasta las 16.00h); ya no se podrá acceder a partir de 30 minutos antes del cierre

DÍAS ESPECIALES DE CIERRE > El 1/1, el 30/5 (13.00-17.00h) y el 25/12

PRECIO > 4,00 €; 65+ y jóvenes de 18 hasta 25 años: 3,00 €; niños hasta 17 años: gratis

INFO > Mariastraat 36A, tel. +32 (0)50 44 87 43, www.museabrugge.be

03 Arentshuis (Casa Arents)

En el piso superior de esta elegante casa señorial con su pintoresco jardín (siglos XVI a XIX) se expone la obra del polifacético artista británico Frank Brangwyn (1867-1956). Brangwyn fue tanto artista gráfico como pintor, además de diseñador de alfombras, muebles y cerámica. En la planta baja se organizan exposiciones temporales de arte.

ABIERTO > De martes a domingo, 9.30-17.00h (abierto el lunes de Pascua y de Pentecostés; el 24/12 y el 31/12, hasta las 16.00h); ya no se podrá acceder a partir de 30 minutos antes del cierre

DÍAS ESPECIALES DE CIERRE > El 1/1, el 30/5 (13.00-17.00h) y el 25/12

PRECIO > 6,00 €; 65+ y jóvenes de 18 hasta 25 años: 5,00 €; niños hasta 17 años: gratis; entrada combinada posible con el Museo Groeninge *(vea la págs. 63-64)*

INFO > Dijver 16, tel. +32 (0)50 44 87 43, www.museabrugge.be

♿ 01 Basiliek van het Heilig Bloed (Basílica de la Santa Sangre)

Esta doble iglesia, dedicada en el siglo XII a Nuestra Señora y al Santo Basilio, y basílica desde 1923, está compuesta de una iglesia en el piso inferior que conserva su carácter románico, y una segunda en el piso superior de estilo neogótico. Es en esta segunda iglesia donde se conserva la reliquia de la Santa Sangre. También merece la pena visitar la cámara del tesoro y sus valiosos objetos de arte.

ABIERTO > Diariamente, 9.30-12.30h y 14.00-17.30h; ya no se podrá acceder a partir de 15 minutos antes del cierre. Culto a la reliquia: diariamente, 11.30-12.00h y 14.00-16.00h

DÍA ESPECIAL DE CIERRE > El 1/1

PRECIO > Iglesia doble: gratis; cámara del tesoro: 2,50 €; niños hasta 12 años: gratis

INFO > Burg 13, tel. +32 (0)50 33 67 92, www.holyblood.com

♿ 🏛 02 02 04 Begijnhof (Beaterio)

El "Principesco Beaterio Ten Wijngaarde" con sus fachadas blancas y el tranquilo jardín fue fundado en 1245. En este trocito de patrimonio de la humanidad, vivieron las beguinas, mujeres emancipadas que ciertamente eran laicas, pero que aun así siguieron una vida piadosa y de celibato. Hoy en día en el Beaterio viven hermanas de la Orden de San Benedito y mujeres solteras de Brujas. En la Casa de beguina podrá hacerse una idea de cómo era la rutina en el siglo XVII.

ABIERTO > Casa de beguina: diariamente, 10.00-17.00h. Beaterio: diariamente, 6.30-18.30h

PRECIO > Casa de beguina: 2,00 €; 65+: 1,50 €; estudiantes (presentando la tarjeta de estudiante) y niños de 8 hasta 12 años: 1,00 €. Beaterio: gratis
INFO > Begijnhof 24-28-30, tel. +32 (0)50 33 00 11, www.monasteria.org

Belfort (Campanario)

La torre más conocida e importante de Brujas tiene 83 metros de altura y alberga entre otras cosas un carillón. Los visitantes tienen la oportunidad de aprender en el área de recepción sobre la historia y la función de este campanario patrimonio de la humanidad. Quien ose subir a la torre, puede hacer una parada en la tesorería, en el piso del impresionante reloj o en donde se encuentra el carillonero. Finalmente, después de exactamente 366 escalones, su esfuerzo se verá recompensado

con una vista panorámica de la ciudad y los alrededores.
ABIERTO > Diariamente, 9.30-18.00h (el 24/12 y el 31/12, hasta las 16.00h); ya no se podrá acceder a partir de 1 hora antes del cierre. Debido a razones de seguridad, está limitado el número de personas que pueden visitar la torre al mismo tiempo. No se pueden hacer reservas. Tenga en cuenta cierto tiempo de espera.
DÍAS ESPECIALES DE CIERRE >
El 1/1, el 30/5 (13.00-18.00h) y el 25/12
PRECIO > 12,00 €; 65+ y jóvenes de 6 hasta 25 años: 10,00 €; niños hasta 5 años: gratis
INFO > Markt 7, tel. +32 (0)50 44 87 43, www.museabrugge.be

Bezoekerscentrum Lissewege – Heiligenmuseum (Centro de visitantes de Lissewege – Museo de los Santos)

El Centro de visitantes le cuenta la historia de este "pueblo blanco", más de 1000 años de historia. En el Museo de los Santos puede contemplar una colección especial con más de 130 imágenes de santos patronos.

ABIERTO > En el puente del 1 de mayo (1/5-5/5), los fines de semana de mayo y junio, el fin de semana de la Ascensión (30/5-2/6), el fin de semana de Pentecostés (8/6-10/6), desde el 1/7 hasta el 15/9 y en las dos últimas semanas de septiembre (21/9-22/9 y 28/9-29/9): 14.00-17.30h

PRECIO > Museo de los Santos: 2,00 €; niños hasta 11 años: 1,00 €

INFO > Oude Pastoriestraat 5, Lissewege, tel. +32 (0)495 38 70 95, www.lissewege.be

📶 Boudewijn Seapark Brugge

En el Boudewijn Seapark disfrutará de un nuevo espectáculo mágico con delfines y los lobos marinos y focas muestran los trucos más divertidos. Pero el parque no solo ofrece animales marinos, cuenta también con veinte atracciones que garantizan la diversión a jóvenes y mayores. Por último, *Bobo's Indoor* posee diez atracciones cubiertas y *Bobo's Aqua-Splash* ofrece horas al aire libre de puro entretenimiento en el agua.

ABIERTO > Desde el 6/4 hasta el 29/9.

Durante las vacaciones de Pascua (6/4-22/4) y desde el 27/4 hasta el 1/5: 10.00-17.00h; en mayo y junio: diariamente, excepto los miércoles, 10.00-17.00h; en julio y agosto: diariamente, 10.00-18.00h; en septiembre: los sábados y domingos, 10.00-18.00h; durante las vacaciones de otoño (26/10-3/11): 10.00-17.00h. Consulte el sitio web para ver la oferta en invierno.

PRECIO > 26,50 €; 65+ y niños desde 1 metro hasta 11 años: 24,50 €; niños desde 85 cm hasta 99 cm: 9,50 €

INFO > Alfons De Baeckestraat 12, Sint-Michiels, tel. +32 (0)50 38 38 38, www.boudewijnseapark.be. Las entradas se pueden comprar en la puerta o **i** 't Zand (Sala de conciertos).

♿ 📶 09 Brouwerij Bourgogne des Flandres (Cervecería)

Después de sesenta años se vuelve a fabricar la cerveza *Bourgogne des Flandres* en el centro de Brujas. El mismo fabricante le explicará cómo es el proceso de fabricación de la cerveza, podrá echar un vaso digital en el espacio interactivo y podrá personalizarse una botella con su propia foto. Los niños podrán jugar en

una entretenida búsqueda del tesoro. Quién tenga sed después de su visita puede sentarse en una romántica terraza con vistas al agua.

ABIERTO > Martes a domingo, 10.00-18.00h pero durante las vacaciones escolares belgas, puentes y festivos también los lunes; última visita a las 17.00h

DÍAS ESPECIALES DE CIERRE > El 1/1, del 7/1 al 22/1 y el 25/12

PRECIO > Con consumición y audioguía (disponible en 10 idiomas): 11,00 €; niños de 10 hasta 15 años: 5,00 € (sin consumición); niños hasta 9 años: gratis; entrada familia (2 adultos + 3 niños máximo): 28,00 €, incluye consumición para adultos

INFO > Kartuizerinnenstraat 6, tel. +32 (0)50 33 54 26, www.bourgognedesflandres.be

📶 ⑩ Brouwerij De Halve Maan (Cervecería)

Esta auténtica fábrica de cerveza en el centro de Brujas es una empresa familiar con una tradición de seis generaciones desde 1856. Es aquí donde se elabora la cerveza de la ciudad *Brugse Zot*: una sabrosa cerveza de alta fermentación a base de malta, lúpulo y una levadura especial. En 2016 se construyó una tubería subterránea de cerveza única de 3 km que conecta la fábrica de cerveza en el centro con la planta embotelladora en las afueras.

ABIERTO > Tienda: diariamente, 10.00-17.00h (sábado hasta las 18.00h). Visita guiada: domingo a viernes, 11.00-16.00h cada hora, última visita a las 16.00h; sábado, 11.00-17.00h cada hora, última visita a las 17.00h; XL-Tour con degustación de tres cervezas especiales: diariamente, a las 14.15h

DÍAS ESPECIALES DE CIERRE > El 1/1 y el 25/12

PRECIO > Con consumición: 12,00 € (en línea 11,00 €); niños de 6 hasta 12 años: 6,00 €; niños hasta 5 años: gratis; XL-Tour: 21,00 €

IDIOMAS > Francés, inglés, neerlandés. XL-Tour en neerlandés e inglés

INFO > Walplein 26, tel. +32 (0)50 44 42 22, www.halvemaan.be

♿ 🚫 📶 ⑫ Bruges Beer Experience

Descubra de una forma interactiva todo sobre los ingredientes de la cerveza, el proceso de fermentación, *food pairing*, la cerveza en Brujas, las cervezas artesanales y trapenses...Los niños seguirán con el Kids Tour la historia del Osito de Brujas. ¿Quiere una degustación? El bar está abierto al público, con varias cervezas de barril y una vista al Markt.

ABIERTO > Diariamente: 10.00-18.00h; ya no se podrá acceder a partir de

1 hora antes del cierre (el bar y la tienda abren hasta las 18.30h)

DÍAS ESPECIALES DE CIERRE >
El 1/1 y el 25/12

PRECIO > Incluye iPad Mini con auriculares (disponible en 11 idiomas): 16,00 € (con 3 degustaciones de cerveza) o 10,00 € (sin degustación); niños de 5 hasta 12 años: 6,00 €; ticket familiar (máx. 2 adultos + 3 niños): 36,00 € (con degustación) o 24,00 € (sin degustación)

INFO > Breidelstraat 3 (último piso del antiguo edificio de correos), tel. +32 (0)50 69 92 29 o +32 (0)496 76 45 54, www.mybeerexperience.com

♿ 🚹 🚫 📶 03 07 13 Brugse Vrije (Franconato de Brujas)

Desde esta mansión se controlaba anteriormente el Franconato de Brujas (el campo alrededor de Brujas). Después pasó a ser sede de los Tribunales de Justicia (1795-1984). Hoy en día alberga, entre otros, los archivos de la ciudad y es guardián de la historia escrita de Brujas. El edificio cuenta con la antigua sala del tribunal y otra renacentista donde puede admirar una monumental chimenea espectacular del siglo XVI construida en madera, mármol y alabastro, realizada por Lanceloot Blondeel.

ABIERTO > Diariamente, 9.30-17.00h (el 24/12 y el 31/12, hasta las 16.00h); ya no se podrá acceder a partir de 30 min. antes del cierre

DÍAS ESPECIALES DE CIERRE >
El 1/1, el 30/5 (13.00-17.00h) y el 25/12

PRECIO > Incluye visita al Ayuntamiento: 6,00 €; 65+ y jóvenes de 18 hasta 25 años: 5,00 €; niños hasta 17 años: gratis. Compre las entradas en el Ayuntamiento.

APP > Visite el Franconato de Brujas con la app Xplore Bruges (www.xplorebruges.be).

INFO > Burg 11A, tel. +32 (0)50 44 87 43, www.museabrugge.be

♿ 🚹 🚫 📶 14 Choco-Story (Museo del chocolate)

El museo del chocolate ilustra al visitante la historia del cacao y del chocolate: desde los mayas pasando por los conquistadores españoles a los golosos de hoy en día. Los niños pueden descubrir el museo a través de una ruta de búsqueda y descubrimiento. En el mismo museo se fabrican además bombones que se pueden probar. A cinco minutos a

pie encontrará el bar temático Choco-Jungle, en la calle Vlamingstraat 31, que forma parte del museo.

ABIERTO > Diariamente, 10.00-17.00h (desde el 1/7 hasta el 31/8, hasta las 18.00h); ya no se podrá acceder a partir de 45 minutos antes del cierre

DÍAS ESPECIALES DE CIERRE > El 1/1, del 7/1 al 11/1 y el 25/12

PRECIO > 9,50 €; 65+ y estudiantes (presentando la tarjeta de estudiante): 7,50 €; niños de 6 hasta 11 años: 5,50 €; niños hasta 5 años: gratis; entradas combinadas posibles *(vea la pág. 75)*

IDIOMAS > App con audioguía disponible en español, italiano, alemán, japonés. Hay carteles informativos en francés, inglés, neerlandés.

INFO > Wijnzakstraat 2, tel. +32 (0)50 61 22 37, www.choco-story.be

♿ 🛜 **17**
Concertgebouw Circuit

Siguiendo esta original ruta podrá experimentar y descubrir la moderna Sala de Conciertos. Conozca cómo funciona la Sala de conciertos, déjese impresionar por su famosa acústica, sorpréndase con la colección de arte contemporáneo o haga sus pinitos en el arte del sonido. La guinda es la azotea del séptimo piso, donde se le premiará con una impresionante vista panorámica de la ciudad.

ABIERTO > De miércoles a sábado, 14.00-18.00h; los domingos, 10.00-14.00h; ya no se podrá acceder a partir de 30 minutos antes del cierre. Visita guiada (con reserva): de miércoles a sábado, a las 15.00h

DÍAS ESPECIALES DE CIERRE > El 1/1 y el 25/12. Algunas veces no está abierto al público. Consulte el sitio web antes de planificar la visita.

PRECIO > 8,00 €; jóvenes de 6 hasta 26 años: 4,00 €; niños hasta 5 años: gratis; visita guiada: sin suplemento

IDIOMAS > Francés, inglés, neerlandés

APP > Haga un viaje musical por Brujas con la app Xplore Bruges (www.xplore bruges.be) y descubra la banda sonora de una ciudad medieval (idea: procure tener sus auriculares o cascos a mano)

INFO > 't Zand 34, tel. +32 (0)50 47 69 99, www.concertgebouwcircuit.be

♿ 🧍 ✏ **Cozmix – Volkssterrenwacht (observatorio astronómico de) Beisbroek**

Admirar de cerca y con ayuda de un gran telescopio el sol, la luna y los planetas. En el planetario se proyectan más de siete mil estrellas en la cúpula

interior. Espectaculares imágenes le transportan al misterioso y fascinante universo. También el ingenioso camino de los planetas (con estatuas de Jef Claerhout) le llevará a un viaje espectacular por el universo.

ABIERTO > Miércoles y domingo, 14.30-18.00h; viernes, 20.00-22.00h. Sesiones de planetarium el miércoles y domingo a las 15.00h y 16.30h y el viernes a las 20.30h. Durante las vacaciones escolares belgas contamos con horarios amplios de apertura y más sesiones de planetario: consulte el sitio web.

DÍAS ESPECIALES DE CIERRE >
El 1/1 y el 25/12

PRECIO > 6,00 €; jóvenes de 4 hasta 17 años: 5,00 €

IDIOMAS > Sesiones en otros idiomas el miércoles a las 16.30h: la primera y tercera semana del mes en francés, la segunda, cuarta y quinta semana en inglés
INFO > Zeeweg 96, Sint-Andries, tel. +32 (0)50 39 05 66, www.cozmix.be

📶 ⑱ Diamantmuseum Brugge (Museo del diamante)

¿Sabía que la técnica de tallar diamantes se utilizó por primera vez hace unos 550 años en Brujas? Esta es una

de las muchas historias que le contarán en el Museo del diamante de Brujas. Durante la demostración de talla de diamantes aprenderá todavía más secretos y verá cómo se tallan las piedras preciosas.

ABIERTO > Diariamente, 10.30-17.30h. Demostración de talla de diamantes: varios shows al día. Puede consultar el programa en el museo, por teléfono o en línea.

DÍAS ESPECIALES DE CIERRE >
El 1/1, del 7/1 al 18/1 y el 25/12

PRECIO > Con demostración: 9,50 €; 65+, estudiantes (presentando la tarjeta de estudiantes) y niños de 6 a 12 años: 8,50 €; niños hasta 5 años: gratis; ticket familiar (2 adultos + 2 niños): 30,00 €; entrada combinada posible *(vea la pág. 75)*

IDIOMAS > Demostración de talla de diamante en francés, inglés, neerlandés
INFO > Katelijnestraat 43, tel. +32 (0)50 34 20 56, www.diamondmuseum.be

📶 ⑳ Foltermuseum (Museo de la tortura) De Oude Steen

En el edificio de piedra hermosamente restaurado y que es probablemente el más antiguo de Brujas, descubrirá una excepcional colección de instrumentos

de tortura y aprenderá algo de la historia de la justicia, castigo y tortura. Le hace pensar a uno sobre la dicotomía medieval entre el bien y el mal, y cómo la justicia entonces estaba en la frontera entre la violencia y el derecho.

ABIERTO > Diariamente, 10.30-18.30h (desde el 1/7 hasta el 31/8, hasta 21.00h)
PRECIO > 8,00 €; 60+: 7,00 €; estudiantes: 6,00 €; niños hasta 10 años: gratis; ticket familiar (2 adultos + 3 niños hasta 15 años): 20,00 €
INFO > Wollestraat 29, tel. +32 (0)50 73 41 34, www.torturemuseum.be

♿ 📶 📷 08 21 Frietmuseum (Museo de la patata frita)

Este didáctico museo cuenta la historia de la patata, su aplicación más famosa, las patatas fritas, y las salsas que las

acompañan. La exposición se encuentra en uno de los edificios más hermosos de Brujas, el Saaihalle. Con la muestra de la entrada se beneficiará de un descuento de 0,40 € en una porción de patatas fritas.

ABIERTO > Diariamente, 10.00-17.00h; ya no se podrá acceder a partir de 45 minutos antes del cierre
DÍAS ESPECIALES DE CIERRE > El 1/1, del 7/1 al 11/1 y el 25/12
PRECIO > 7,00 €; 65+ y estudiantes (presentando la tarjeta de estudiantes): 6,00 €; niños de 6 hasta 11 años: 5,00 €; niños hasta 5 años: gratis; entradas combinadas posibles *(vea la pág. 75)*
IDIOMAS > App con audioguía disponible en español, italiano, francés, inglés, neerlandés, alemán
INFO > Vlamingstraat 33, tel. +32 (0)50 34 01 50, www.frietmuseum.be

07 22 Gentpoort (Puerta de Gante)

La Puerta de Gante es una de las cuatro puertas medievales originales aún conservadas en Brujas. Para los visitantes la entrada a la ciudad y para los brujenses la frontera con el exterior. La fun-

ción de la puerta fue la protección de la ciudad y la entrada y salida de bienes. Es por la noche cuando la Puerta de Gante se presenta más bonita, cuando está magníficamente iluminada.

ABIERTO > De martes a domingo, 9.30-12.30h y 13.30-17.00h (abierto el lunes de Pascua y de Pentecostés; el 24/12 y el 31/12, hasta las 16.00h); ya no se podrá acceder a partir de 30 minutos antes del cierre

DÍAS ESPECIALES DE CIERRE > El 1/1, el 30/5 (13.00-17.00h) y el 25/12

PRECIO > 4,00 €; 65+ y jóvenes de 18 hasta 25 años: 3,00 €; niños hasta 17 años: gratis

INFO > Gentpoortvest, tel. +32 (0)50 44 87 43, www.museabrugge.be

㉓ Gezellemuseum (Museo Gezelle)

Este museo literario y biográfico está dedicado a la vida y obra de Guido Gezelle (1830-1899), uno de los poetas flamencos más aclamados, y se levanta en la casa donde nació y vivió, en uno de los barrios más populares y tranquilos de Brujas. Además de la vida del poeta y su obra, puede disfrutar de otras ex-

posiciones temporales del arte (de la palabra). Detrás de la casa se encuentra un jardín muy romántico, con la obra de Jan Fabre *El hombre que echa fuego* como foco central.

ABIERTO > De martes a domingo, 9.30-12.30h y 13.30-17.00h (abierto el lunes de Pascua y de Pentecostés; el 24/12 y el 31/12, hasta las 16.00h); ya no se podrá acceder a partir de 30 minutos antes del cierre

DÍAS ESPECIALES DE CIERRE > El 1/1, el 30/5 (13.00-17.00h) y el 25/12

PRECIO > 4,00 €; 65+ y jóvenes de 18 hasta 25 años: 3,00 €; niños hasta 17 años: gratis

INFO > Rolweg 64, tel. +32 (0)50 44 87 43, www.museabrugge.be

♿ 🚻 📶 ㉔ Groeninge-museum (Museo Groeninge)

El Museo Groeninge contiene una variada oferta de obras que resume la historia del arte belga. El punto central son los mundialmente famosos primitivos flamencos. Aquí podrá disfrutar, entre muchas otras cosas, del cuadro *La Virgen y el Canónigo Joris van der Paele* de Jan van Eyck y el *Tríptico de Moreel* de Hans Memling. Junto a ellos puede contemplar piezas maestras del neoclásico (siglos XVIII y XIX), del expresionismo flamenco y el arte moderno de la posguerra.

ABIERTO > De martes a domingo, 9.30-17.00h (abierto el lunes de Pascua y de Pentecostés; el 24/12 y el 31/12, hasta las 16.00h); ya no se podrá acceder a partir de 30 minutos antes del cierre

DÍAS ESPECIALES DE CIERRE >
El 1/1, el 30/5 (13.00-17.00h) y el 25/12
PRECIO > Incluye visita a la Casa
"Arents": 12,00 €; 65+ y jóvenes de
18 hasta 25 años: 10,00 €; niños hasta
17 años: gratis; entrada combinada
posible *(vea la pág. 75)*
INFO > Dijver 12, tel. +32 (0)50 44 87 43,
www.museabrugge.be

Reapertura en 2019

🚹 ⚥ 📶 ㉕ Gruuthuse-museum (Museo Gruuthuse)

Este año vuelve a abrir sus puertas
uno de los monumentos más bellos
de Brujas, después de una gran reno-
vación. En el palacete de los señores
de Gruuthuse conocerá las muchas
historias de la ciudad. Su rico pasado
se refleja en los tapices, cuadros,
documentos, encajes y objetos
de plata.

ABIERTO > A partir de la primavera 2019:
de martes a domingo, 9.30-17.00h
(abierto el lunes de Pentecostés; el 24/12
y el 31/12, hasta las 16.00h); ya no se podrá acceder a partir de 30 minutos antes
del cierre
DÍAS ESPECIALES DE CIERRE >
El 30/5 (13.00-17.00h) y el 25/12
PRECIO > 12,00 €; 65+ y jóvenes de
18 hasta 25 años: 10,00 €; niños hasta
17 años: gratis; entrada combinada posible *(vea la pág. 75)*
IDIOMAS > Audioguía gratis disponible
en 6 idiomas
INFO > Dijver 17C, tel. +32 (0)50 44 87 43,
www.museabrugge.be

07 Heilige Magdalenakerk (Iglesia de Santa Magdalena)

La Iglesia de Santa Magdalena, construida a mediados del siglo XIX, es una
de las iglesias neogóticas más antiguas
del continente europeo. Los inmigran-

tes ingleses introdujeron el estilo arquitectónico tan popular en Inglaterra. Un estilo que pronto marcó la imagen urbana de Brujas. Dentro conocerá YOT, una organización que realiza experimentos sobre el significado de la tradición cristiana en la sociedad.

ABIERTO > Desde el 1/1 hasta el 31/3: viernes a lunes, 14.00-17.00h; desde el 1/4 hasta el 30/9: diariamente, 11.00-18.00h; desde el 1/10 hasta el 31/12: diariamente, 13.00-18.00h. La iglesia no es accesible a los visitantes durante los servicios litúrgicos.

DÍAS ESPECIALES DE CIERRE > El 1/1, el 24/12, el 25/12 y el 31/12

PRECIO > Gratis

INFO > Esquina Stalijzerstraat y Schaarstraat, tel. +32 (0)50 33 68 18, www.yot.be

Historium Brugge (Historium Brujas)

En el Historium se hace literalmente un viaje en el tiempo. Conocerá, de formas diferentes, una Brujas vibrante durante el Siglo de Oro. *Historium Story* cuenta el romance de Jacob, el aprendiz de Jan van Eyck. Después aprenderá más sobre la Edad Media de Brujas en el *Historium Exhibition*. Con *Historium Virtual Reality* volverá al 1435. Entrará virtualmente en el puerto en barco y pasará volando por los ya desaparecidos Waterhalle y la Iglesia de San Donaciano. En *Historium Tower* y desde una torre neogótica de 30 metros verá una bella vista sobre el Markt.

ABIERTO > Diariamente, 10.00-18.00h; ya no se podrá acceder a partir de 1 hora antes del cierre

PRECIO > Todas las entradas del Historium con audioguía (disponible en 10 idiomas): Explorer (Story + Exhibition): 14,00 €; estudiantes: 10,00 €; niños de 3 hasta 12 años: 7,50 €; Time Traveller (Story + Exhibition + Virtual Reality): 17,50 €; Thirsty Time Traveller (igual que Time Traveller + bebida libre en

Duvelorium): 19,50 €; Virtual Reality: 6,00 €; Tower: 6,00 €; entrada combinada posible *(vea la pág. 75)*

INFO > Markt 1, tel. +32 (0)50 27 03 11, www.historium.be

♿ 🚻 📷 ㉙ Kantcentrum (Centro del encaje)

El Centro del encaje se ha incorporado a la renovada escuela de encaje de las hermanas apostolinas. En el Museo del encaje en la planta baja se muestra la historia del encaje en Brujas: instalaciones multimedia y testimonios de expertos internacionales se centran en los diversos tipos y su origen geográfico, y en especial sobre lo excepcional del encaje y la escuela de Brujas. En el taller del segundo piso se hacen demostraciones y también se organizan diversos cursos.

ABIERTO > De lunes a sábado, 9.30-17.00h; ya no se podrá acceder a partir de 30 minutos antes del cierre. Demostraciones: de lunes a sábado, 14.00-17.00h

DÍAS ESPECIALES DE CIERRE >
Todos los días de fiesta (belgas)

PRECIO > 6,00 €; 65+ y jóvenes de 12 hasta 26 años: 5,00 €; niños hasta

11 años: gratis; entrada combinada posible *(vea la pág. 75)*

INFO > Balstraat 16, tel. +32 (0)50 33 00 72, www.kantcentrum.eu

📶 ㉚ Lumina Domestica (Museo de lámparas)

Este Museo de lámparas, con más de seis mil piezas antiguas, es la colección de lámparas más grande del mundo. Le muestra la historia completa de la iluminación: desde la antorcha y la lámpara de aceite hasta la bombilla y las luces LED de última generación. Especialmente agradable es conocer las plantas y animales luminosos. Así, por ejemplo, descubrirá el secreto de la luciérnaga.

ABIERTO > Diariamente, 10.00-17.00h (desde el 1/7 hasta el 31/8, hasta 18.00h); ya no se podrá acceder a partir de 45 minutos antes del cierre

DÍAS ESPECIALES DE CIERRE >
El 1/1, del 7/1 al 11/1 y el 25/12

PRECIO > 7,00 €; 65+ y estudiantes (presentando la tarjeta de estudiantes): 6,00 €; niños de 6 hasta 11 años: 5,00 €; niños hasta 5 años: gratis; entradas combinadas posibles *(vea la pág. 75)*

INFO > Wijnzakstraat 2, tel. +32 (0)50 61 22 37, www.luminadomestica.be

Onze-Lieve-Vrouw-Bezoekingkerk Lissewege (Nuestra Señora de la Visitación)

La iglesia de ladrillo de Nuestra Señora del siglo XIII se considera un ejemplo del "gótico de la costa". Debido a la falta de fondos, nunca se acabó la torre y por eso tiene ese aspecto tan característico. Su interior cuenta con una imagen milagrosa de la Virgen María (1625), un llamativo órgano, un hermoso coro alto y un púlpito (1652) esculpidos.

ABIERTO > Desde el 1/5 hasta el 30/9: diariamente, 9.00-18.00h; desde el 1/10 hasta el 30/4: diariamente, 10.00-16.00h

PRECIO > Gratis

INFO > Onder de Toren, Lissewege, tel. +32 (0)50 54 45 44, www.lissewege.be

Onze-Lieve-Vrouwekerk (Iglesia de Nuestra Señora)

La torre de la Iglesia de Nuestra Señora, construida en ladrillo y con 115,5 metros de altura, simboliza la destreza de los artesanos brujenses. En su interior podrá disfrutar de una rica colección de arte: la mundialmente famosa escultura de Miguel Ángel *La Madonna de Brujas*, gran número de pinturas, sepulcros policromados del siglo XIII y el mausoleo de María de Borgoña y Carlos el Temerario. La zona del coro ha sido renovada durante el 2015, y el valioso interior de la iglesia puede volver a ser admirado en todo su esplendor.

ABIERTO > De lunes a sábado, 9.30-17.00h; los domingos y días de fiesta religiosa, 13.30-17.00h; ya no se podrá acceder a partir de 30 minutos antes del cierre. La iglesia y el museo no se pueden visitar durante bodas y funerales. Interesante saber: de enero a finales de marzo de 2019 (sujeto a cambios) habrá tareas de restauración en el altar de *La Madonna de Brujas*.

DÍAS ESPECIALES DE CIERRE > Museo: el 1/1, el 30/5 y el 25/12

PRECIO > Iglesia: gratis. Museo: 6,00 €; 65+ y jóvenes de 18 hasta 25 años: 5,00 €; niños hasta 17 años: gratis. Durante las obras de restauración se aplica una tarifa reducida.

INFO > Mariastraat, tel. +32 (0)50 44 87 43, www.museabrugge.be

16 33 Onze-Lieve-Vrouw-ter-Potterie (Nuestra Señora de la Potterie)

Este hospital nos traslada al siglo XIII cuando hermanas daban cuidado a peregrinos, viajeros y enfermos. El hospital evolucionó en el siglo XV a una moderna residencia de ancianos y hoy en día las antiguas salas del hospital contienen una rica colección de arte, reliquias religiosas y litúrgicas, así como numerosos objetos de enfermería. No olvide visitar el interior barroco de su iglesia gótica.

ABIERTO > De martes a domingo, 9.30-12.30h y 13.30-17.00h (abierto el lunes de Pascua y de Pentecostés; el 24/12 y el 31/12, hasta las 16.00h); ya no se podrá acceder a partir de 30 minutos antes del cierre

DÍAS ESPECIALES DE CIERRE >

El 1/1, el 30/5 (13.00-17.00h) y el 25/12
PRECIO > Iglesia: gratis. Museo: 6,00 €; 65+ y jóvenes de 18 hasta 25 años: 5,00 €; niños hasta 17 años: gratis
INFO > Potterierei 79B, tel. +32 (0)50 44 87 43, www.museabrugge.be

17 Onze-Lieve-Vrouw-van-Blindekenskapel (Capilla de Nuestra Señora de los Ciegos)

En origen, la capilla de madera de Nuestra Señora de los Ciegos fue construida en 1305 como agradecimiento tras la batalla de Pevelenberg (1304). La capilla actual fue construida en 1651. Para cumplir con la "Promesa de Brujas" pronunciada durante la batalla, cada 15 de agosto desde 1305 sale la procesión de "Blindekens" por las calles de la ciudad. Para ello las mujeres de Brujas ofrecen una vela (de 18 kilos) en la Iglesia de Nuestra Señora de la Potterie.

ABIERTO > Diariamente, 9.00-18.00h
PRECIO > Gratis
INFO > Kreupelenstraat 8, tel. +32 (0)50 32 76 60 o +32 (0)50 33 68 41, www.brugsebelofte.be

35 Museum-Gallery Xpo Salvador Dalí

Disfrute en la lonja de una fantástica colección de trabajos gráficos y esculturas del renombrado artista Dalí. Pieza por pieza, obras de arte recogidas en el *Catalogues Raisonnés* sobre el trabajo de Salvador Dalí. La colección se expone en un decorado extraordina-

otros, con diversas exposiciones temáticas (temporales) sobre el mar. Antes de su visita, consulte el sitio web para ver la información más actualizada.

PRECIO > Desde 9,50 €
INFO > Vismijnstraat 7, Zeebrugge, tel. +32 (0)50 55 14 15, www.seafront.be

rio muy daliniano, con espejos y un color rosa impactante.

ABIERTO > Diariamente, 10.00-18.00h (el 24/12 y el 31/12, hasta 15.30h)
DÍAS ESPECIALES DE CIERRE > El 1/1 y el 25/12
PRECIO > 10,00 €; 65+, estudiantes (presentando la tarjeta de estudiante) y jóvenes de 13 hasta 18 años: 8,00 €; niños hasta 12 años: gratis
IDIOMAS > Audioguía disponible en 3 idiomas: 2,00 €
INFO > Markt 7, tel. +32 (0)50 33 83 44, www.dali-interart.be

📶 Seafront Zeebrugge

En los edificios de la Antigua Lonja hay mucho que ver: además de tiendas, restaurantes y cafés, también se encuentra el parque temático Seafront. Conozca el turismo costero de antes y ahora, sumérjase en el mundo de los peces y la pesca y haga un viaje al pasado, a la época de las infernales guerras mundiales. El barco-faro West-Hinder, un antiguo faro en el mar, está anclado en el muelle como testigo mudo de un rico pasado marítimo.

ABIERTO > Seafront está en pleno desarrollo. El programa cuenta, entre

19 Sint-Annakerk (Iglesia de Santa Ana)

Esta simple capilla gótica, construida a principios del siglo XVII, sorprende con su rico interior barroco. Está decorada gracias a las ofrendas de los habitantes prósperos de Brujas. Admire el coro alto de mármol, el enmaderado de roble con confesionarios incrustados, los cuadros de Jan Garemijn y el cuadro más grande de Brujas.

ABIERTO > Desde el 1/1 hasta el 31/3: de viernes a lunes, 14.00-17.00h; desde el 1/4 hasta 30/9: diariamente, 11.00-18.00h; desde el 1/10 hasta el 31/12: diariamente, 13.00-18.00h. La iglesia no es accesible a los visitantes durante los servicios litúrgicos.
DÍAS ESPECIALES DE CIERRE > El 1/1, el 24/12, el 25/12 y el 31/12

PRECIO > Gratis

INFO > Sint-Annaplein, tel. +32 (0)50 34 87 05, www.sintdonatianusbrugge.be

20 Sint-Gilliskerk (Iglesia de San Gil)

En esta iglesia, la única con una torre con reloj, se encontraban enterrados muchos artistas. Desde Hans Memling pasando por Lanceloot Blondeel hasta Pieter Pourbus. La iglesia se construyó en el siglo XIII y se reformó en el XV. La parte exterior es un bonito ejemplo del sólido gótico de ladrillo, mientras que el interior tiene un look neogótico del siglo XIX.

ABIERTO > Desde el 1/1 hasta el 31/3: de viernes a lunes, 14.00-17.00h; desde el 1/4 hasta 30/9: diariamente, 11.00-18.00h; desde el 1/10 hasta el 31/12: diariamente, 13.00-18.00h. La iglesia no es accesible a los visitantes durante los servicios litúrgicos.

DÍAS ESPECIALES DE CIERRE > El 1/1, el 24/12, el 25/12 y el 31/12

PRECIO > Gratis

INFO > Baliestraat 2, tel. +32 (0)50 34 87 05, www.sintdonatianusbrugge.be

22 Sint-Jakobskerk (Iglesia de Santiago)

En el segundo cuarto del siglo XIII se declaró la modesta capilla de Santiago como iglesia parroquial, tras lo cual la casa de oración creció en el siglo XV al tamaño actual. La iglesia es conocida por sus muchos tesoros artísticos, concedidos por ricos donantes del vecindario, y arte funerario.

ABIERTO > Desde el 1/1 hasta el 31/3: de viernes a lunes, 14.00-17.00h; desde el 1/4 hasta 30/9: diariamente, 11.00-18.00h; desde el 1/10 hasta el 31/12: diariamente, 13.00-18.00h. La iglesia no es accesible a los visitantes durante los servicios litúrgicos.

DÍAS ESPECIALES DE CIERRE > El 1/1, el 24/12, el 25/12 y el 31/12

PRECIO > Gratis

APP > Descubra 15 obras maestras en la iglesia con ayuda de la app Xplore Bruges (www.xplorebruges.be).

INFO > Sint-Jakobsplein, tel. +32 (0)50 33 68 41, www.sintdonatianusbrugge.be

♿ 👤 🚫 📶 **36**

Sint-Janshospitaal (Hospital de San Juan)

El Hospital de San Juan cuenta con más de ocho siglos de historia de monjas y hermanos cuidando a pobres, peregrinos, viajeros y enfermos. Sus salas medievales y la iglesia y capilla albergan una impresionante colección de documentos de archivo, arte, instrumentos médicos y seis obras de arte de Hans Memling. También puede visitar el desván de Diksmuide, el antiguo dormitorio, la sala tutorial y la farmacia.

ABIERTO > Museo y farmacia: de martes a domingo, 9.30-17.00h (ambos abiertos el lunes de Pascua y de Pentecostés; el 24/12 y el 31/12, hasta las 16.00h); ya no se podrá acceder a partir de 30 minutos antes del cierre

DÍAS ESPECIALES DE CIERRE > El 1/1, el 30/5 (13.00-17.00h) y 25/12

PRECIO > Incluye visita a la farmacia: 12,00 €; 65+ y jóvenes de 18 hasta 25 años: 10,00 €; niños hasta 17 años: gratis

APP > Entérese de más cosas sobre las seis obras de Hans Memling con la app Xplore Bruges (www.xplorebruges.be).

INFO > Mariastraat 38, tel. +32 (0)50 44 87 43, www.museabrugge.be

37 Sint-Janshuismolen (Molino)

Desde la construcción en el siglo XIII de las murallas de la ciudad numerosos molinos han adornado los límites de esta. Hoy en día aún se levantan cuatro de ellos en el Kruisvest. El molino Sint-Janshuis (1770), el único molino que admite visitantes, se mantiene en su lugar de origen y aún muele el grano.

ABIERTO > Desde el 1/4 hasta el 30/9: de martes a domingo, 9.30-12.30h y 13.30-17.00h (abierto el lunes de Pascua y de Pentecostés); ya no se podrá acceder a partir de 30 minutos antes del cierre

DÍA ESPECIAL DE CIERRE > El 30/5 (13.00-17.00h)

PRECIO > 4,00 €; 65+ y jóvenes de 18 hasta 25 años: 3,00 €; niños hasta 17 años: gratis

INFO > Kruisvest, tel. +32 (0)50 44 87 43, www.museabrugge.be

♿ 23 Sint-Salvators-kathedraal (Catedral de San Salvador)

De la catedral, que es la parroquia más antigua de Brujas (siglos XII-XV), destacan la galería con el órgano, las tumbas medievales, los tapices de Bruselas y la rica colección de arte flamenco (siglos XIV-XVIII). La cámara del tesoro alberga, entre otros, algunos cuadros de los primitivos flamencos, como Dirk Bouts y Hugo van der Goes.

ABIERTO > Catedral: de lunes a viernes, 10.00-13.00h y 14.00-17.30h; los sábados, 10.00-13.00h y 14.00-15.30h; los domingos, 11.30-12.00h y 14.00-17.00h. La catedral no es accesible a los visitantes durante los servicios litúrgicos. Cámara del tesoro: diariamente (excepto los sábados), 14.00-17.00h

DÍAS ESPECIALES DE CIERRE > Catedral (por la tarde) y cámara del tesoro (todo el día): el 1/1, el 30/5, el 24/12 y el 25/12
PRECIO > Catedral y cámara del tesoro: gratis
INFO > Steenstraat, tel. +32 (0)50 33 61 88, www.sintsalvator.be

24 Sint-Walburgakerk (Iglesia de Santa Walburga)

En 1619 Pieter Huyssens, un fraile de Brujas, recibió el encargo de construir una iglesia prestigiosa, que representara los valores de la orden jesuita. El resultado, la Iglesia de Santa Walburga, es la obra más rica y pura del barroco en Brujas. Admire la dinámica fachada, los muchos detalles arquitectónicos del interior y el adornado mobiliario de la iglesia.

ABIERTO > Desde el 1/1 hasta el 31/3: de viernes a lunes, 14.00-17.00h; desde el

1/4 hasta el 30/9: diariamente, 11.00-18.00h; desde el 1/10 hasta el 31/12: diariamente, 13.00-18.00h

DÍAS ESPECIALES DE CIERRE >
El 1/1, el 24/12, el 25/12 y el 31/12

PRECIO > Gratis

INFO > Sint-Maartensplein, tel. +32 (0)50 34 87 05, www.sint donatianusbrugge.be

  08 40 **Stadhuis (Ayuntamiento)**

El Ayuntamiento de Brujas (1376-1420) es uno de los consistorios más antiguos de los Países Bajos. Desde aquí se gobierna la ciudad durante ya más de 600 años. Algo que no se debe perder es la Sala Gótica, con sus pinturas murales de 1900 y su bóveda policromada. En la sala histórica de al lado se muestra una colección de documentos y artefactos originales. En la planta baja encontrará una exposición sobre la evolución de la plaza Burg y del Ayuntamiento.

ABIERTO > Diariamente, 9.30-17.00h (el 24/12 y el 31/12, hasta las 16.00h); ya no se podrá acceder a partir de 30 minutos antes del cierre. La Sala Gótica y la sala histórica no son accesibles a los visitantes durante los matrimonios.

DÍAS ESPECIALES DE CIERRE >
El 1/1, el 30/5 (13.00-17.00h) y el 25/12

PRECIO > Incluye visita al Franconato de Brujas: 6,00 €; 65+ y jóvenes de 18 hasta 25 años: 5,00 €; niños hasta 17 años: gratis

APP > Visite el ayuntamiento con la app Xplore Bruges (www.xplorebruges.be).

IDIOMAS > Audioguía gratis disponible en 5 idiomas

INFO > Burg 12, tel. +32 (0)50 44 87 43, www.museabrugge.be

📶 **42** Volkskundemuseum (Museo de Cultura Popular)

El museo expone sus piezas en una serie de casas restauradas del siglo XVII y en las habitaciones puede contemplar cómo fue en el tiempo una clase, un taller de sombreros, una farmacia, una confitería o una tienda de comestibles. En el piso superior podrá meterse en la piel de un niño de los años 1930-1960. Puede tomar un respiro en la taberna "De Zwarte Kat" o en el jardín en cuya terraza podrá intentar jugar a alguno de los juegos populares y para niños.

ABIERTO > Museo y taberna: de martes a domingo, 9.30-17.00h (abierto el lunes de Pascua y de Pentecostés; el 24/12 y el 31/12, hasta las 16.00h); ya no se podrá acceder a partir de 30 minutos antes del cierre

DÍAS ESPECIALES DE CIERRE >
El 1/1, el 30/5 (13.00-17.00h) y el 25/12
PRECIO > 6,00 €; 65+ y jóvenes de 18 hasta 25 años: 5,00 €; niños hasta 17 años: gratis; entrada combinada posible *(ver opuesto)*
INFO > Balstraat 43, tel. +32 (0)50 44 87 43, www.museabrugge.be

04 **43** Xpo Center Bruges

En el sitio histórico del Antiguo Hospital de San Juan encontrará la exposición permanente, Expo Picasso, con 300 obras gráficas del maestro español Pablo Picasso y cientos de obras auténticas del artista americano, Andy Warhol. Además de estas exposiciones permanentes, las salas de enfermería del siglo XIX son cada año el decorado de fascinantes muestras temporales. Este año encontrará *Mummies in Bruges – Secrets of Ancient Egypt* *(lea más en la pág. 78)*.

ABIERTO > Todas las exposiciones: diariamente, 10.00-18.00h
DÍAS ESPECIALES DE CIERRE >
El 1/1, del 7/1 al 1/2 y el 25/12
PRECIO > Picasso: 10,00 €; 65+ y jóvenes de 6 hasta 18 años: 8,00 €. Picasso y Warhol: 12,00 €; 65+ y jóvenes de 6 hasta 18 años: 10,00 €. Mummies in Bruges: 14,00 €; 65+ y jóvenes de 6 hasta 18 años: 12,00 €. Todo inclusive: 17,50 €; 65+ y jóvenes de 6 hasta 18 años: 15,50 €. Niños hasta 5 años: gratis
INFO > Sitio Oud Sint-Jan, Mariastraat 38, tel. +32 (0)50 47 61 00, www.xpo-center-bruges.be

¡APROVECHE LAS VENTAJAS!

» Musea Brugge Card

Con la Musea Brugge Card puede visitar de manera ilimitada todos los museos que componen la red Musea Brugge (www.museabrugge.be) por solo 28,00 €. Los jóvenes de 18 hasta 25 años pagan 22,00 €. El pase es válido tres días consecutivos y está a la venta en todas las localidades de Musea Brugge (excepto en el Franconato de Brujas y el Molino Sint-Janshuis), en la ℹ️ oficina de información Markt (Historium) y en la ℹ️ oficina de información 't Zand (Sala de conciertos).

» Tarjetas de descuento con alojamientos

Disfrute de descuentos en las entradas de varios museos, lugares de interés y atracciones gracias a la tarjeta gratis Dicover Bruges que recibirá si se aloja en los hoteles de la red vzw Hotels Regio Brugge (www.discoverbruges.com) o con la tarjeta gratis Bruges Advantage City Card que recibirá si se aloja dos noches mínimo en un Bed & Breakfast miembro del vzw Gilde der Brugse Gastenverblijven (www.bruggebedandbreakfast.com).

» Entrada combinada Museo Gruuthuse/Iglesia de Nuestra Señora (disponible a partir de la primavera de 2019 en el pabellón de acogida en el Museo Gruuthuse)

Visite el Museo Gruuthuse, totalmente renovado, uno de los monumentos más bellos de Brujas que esta primavera vuelve a abrir sus puertas. Y visite de paso la impresionante Iglesia de Nuestra Señora con su torre de ladrillo de 115,5 metros y sus tesoros artísticos. La entrada para los dos cuesta 14,00 €.

» Entrada combinada Historium/Museo Groeninge

Viva en el Historium la edad dorada de Brujas con la pintura *La Virgen y el Canónigo Joris van der Paele* de Jan van Eyck como hilo conductor. Admire esta pieza de arte en vivo en el Museo Groeninge, junto a muchas otras obras de los primitivos flamencos. La entrada combinada es 22,00 € y solo se puede adquirir en el Historium.

» Entrada combinada Choco-Story/Museo del diamante

Combine una exquisita visita al museo Choco-Story con un reluciente paseo por el Museo del diamante. La entrada combinada cuesta 17,00 € (con demostración de talle de diamantes) y se puede comprar en los mismos museos.

» Entrada combinada Choco-Story/Lumina Domestica/Museo de la patata frita

Visite estos tres museos a un precio reducido.

> Entrada combinada Choco-Story/Lumina Domestica: 11,50 €; 65+ y estudiantes: 9,50 €; niños de 6 hasta 11 años: 7,50 €; niños hasta 5 años: gratis
> Entrada combinada Choco-Story/Museo de la patata frita: 14,50 €; 65+ y estudiantes: 11,50 €; niños de 6 hasta 11 años: 8,50 €; niños hasta 5 años: gratis
> Entrada combinada 3 museos: 16,50 €; 65+ y estudiantes: 13,50 €; niños de 6 hasta 11 años: 10,50 €; niños hasta 5 años: gratis. Las entradas combinadas se pueden comprar en la ℹ️ oficina de información 't Zand (Sala de conciertos) o en los mismos museos.

» Entrada combinada Centro del encaje/Museo de Cultura Popular

El Centro del encaje, donde se muestran encajes de la colección de Museos de Brujas, es un buen complemento a su visita al Museo de Cultura Popular, donde podrá ver, entre otras cosas, una sastrería tradicional. Entrada combinada: 10,00 €, a la venta en uno de los dos museos.

Cultura y eventos

Sala de conciertos

La vida cultural de Brujas es rica y del más alto nivel. Los amantes de la arquitectura pueden admirar la Sala de conciertos mientras disfrutan de un concierto de calidad o un espectáculo de danza a nivel internacional. Almas más románticas eligen una velada con clase en el elegante Teatro Municipal, y los amantes del jazz se sienten como en casa en el centro artístico KAAP | De Werf. Para la gente joven la sala MaZ es el lugar por excelencia.

BRUJAS, CIUDAD
DE LA MÚSICA CLÁSICA
SOUNDS GREAT!

Brujas impresiona en primer lugar por su clasicismo en piedra y románticos paisajes urbanos, pero, ¿sabía que la ciudad también disfruta de una fama en el campo de la música clásica? Esa reputación se remonta al medievo, cuando renombrados polifonistas flamencos se daban la gran vida en los palacios urbanos de los acaudalados borgoñones. Pero también hoy puede disfrutar de la ciudad a ritmo de música clásica.

Así, todas las semanas el carillón de Brujas en el Campanario deja oír sus notas por toda la ciudad y puede disfrutar en la Catedral de San Salvador del centenario órgano durante la serie de conciertos anuales. En la Sala de conciertos, los amantes de la música pueden descubrir obras maestras en el mejor de los entornos. El edificio con una arquitectura contemporánea y llamativa es símbolo de una acústica excelente. Y eso también lo saben los integrantes de la renombrada orquesta sinfónica de la Sala de conciertos, Anima Eterna Brugge, que se distingue por sus interpretaciones en instrumentos históricamente correctos.

También el prestigioso MAfestival se celebra en Brujas. El famoso festival de música antigua presenta cada verano un amplio abanico de conciertos y actividades con Brujas y alrededores como telón histórico de fondo.

Y con el Concertgebouw Circuit, se puede apreciar Brujas como ciudad de la música clásica, porque gracias a una original ruta sensorial, conocerá cómo funciona la Sala de conciertos (lea más en la pág. 60).

¿Qué hay en el programa en 2019?

Este es un listado de los eventos más importantes en Brujas. ¿Quiere saber qué puede hacer en Brujas durante su estancia? Vaya a www.visitbruges.be e imprima las opciones que quiera o entre en una de las ℹ️ oficinas de información Markt (Historium), Stationplein (Estación) y en 't Zand (Sala de conciertos). En esta última oficina venden también las entradas para los eventos.

Enero

Bach Academie Brugge

16/1/2019 al 20/1/2019

En esta novena edición de Bach Academie Brugge el tema es la relación entre el cielo y la tierra, entre los creyentes y su Salvador. Con talentos por descubrir y estrellas que admirar. No faltan a su cita el Collegium Vocale Gante y Phillipe Herreweghe.

INFO > www.concertgebouw.be

(Lea más sobre Bach y la música antigua en la entrevista con Ayako Ito en la pág. 115.)

Wintervonken (Chispas de invierno)

25/1/2019 y 26/1/2019

El festival "Wintervonken" aporta calidez y buen ambiente a la plaza Burg. La sexta edición de este festival invernal garantiza un vibrante teatro callejero, atractivos conciertos e instalaciones de fuego con maestros de las llamas que le calentarán el corazón.

INFO > www.wintervonken.be

DESCUBRA SECRETOS DEL ANTIGUO EGIPTO

2/1/2019 al 5/1/2020

En Xpo Center Bruges verá de cerca auténticas momias y objetos durante la fascinante exposición "Mummies in Bruges – Secrets of Ancient Egypt". La exhibición expone la vida, muerte y el más allá del antiguo Egipto.

INFO > www.xpo-center-bruges.be

MURILLO, DE MENA Y ZURBARÁN MAESTROS DEL BARROCO ESPAÑOL
8/3/2019 al 6/10/2019

Déjese sorprender en el Hospital de San Juan por el arte español del siglo XVII. En las monumentales salas del hospital se muestran más de veinte esculturas religiosas y cuadros, llenos de pasión. Una rara oportunidad para conocer una cara poco conocida del Siglo de Oro de España. El punto álgido de la exposición, además de los cuadros de maestros famosos como Murillo y Zurbarán, es un grupo de esculturas hiperrealistas del mayor escultor del barroco español: Pedro de Mena. La selección de obras de arte, de colecciones privadas europeas, se muestra gracias a la colaboración internacional con el Museo Nacional de Historia del Arte de Luxemburgo.

INFO > www.museabrugge.be

Febrero

Brugs Bierfestival (El Festival de la Cerveza en Brujas)
2/2/2019 y 3/2/2019

Durante todo un fin de semana, Brujas le presenta más de 400 cervezas impresionantes de 80 fábricas belgas de cerveza. Una delicia para las papilas gustativas.

INFO > www.brugsbierfestival.be

SLOW(36h)
23/2/2019 y 24/2/2019

Con SLOW(36h) tendrá 36 horas para tomarse su tiempo, con un concierto de las suites para violonchelo de Bach, un relajado paseo por Brujas, una hermosa ruta con vídeos artísticos en la Sala de conciertos y mística música sufi. Disfrute al máximo del minimalismo y del hacer las cosas despacio.

INFO > www.concertgebouw.be

Marzo

Bits of Dance
21/3/2019 al 23/3/2019

En este festival de danza, los jóvenes bailarines, coreógrafos y performers de dentro y fuera de Bélgica pueden dar lo mejor de sí mismos. Porque los jóvenes talentos se merecen un escenario. ¡Algo que no se puede perder un verdadero amante de la cultura!

INFO > www.ccbrugge.be

Kosmos Festival
26/3/2019 al 10/4/2019

Párese a admirar la belleza y poder del universo y descubra en qué se parecen la música y la cosmología. Las imágenes de la NASA se acompañan con impresionante música orquestal y los so-

UNA PROCESIÓN MILENARIA
30/5/2019

Cada año el Día de la Ascensión y entre gran expectación del público, sale la Procesión de la Santa Sangre por el centro de Brujas. Primero, religiosos, hermanos y grupos disfrazados representan escenas bíblicas. Después sigue la historia de la reliquia de la Santa Sangre. Teodorico de Alsacia, conde de Flandes, habría recibido durante la segunda cruzada (1146) unas gotas de la sangre de Cristo del patriarca de Jerusalén. La valiosa reliquia se llevó a Brujas en 1150 donde se venera en la Basílica de la Santa Sangre.

nidos en directo del universo guían a seis percusionistas y cuatro bailarines por el espacio.

INFO > www.concertgebouw.be

(Puede leer más sobre el espectáculo de danza "Los cuatro elementos", parte del Festival Kosmos, en los cinco eventos que no se puede perder de Ayako Ito, en la pág. 115.)

Abril

More Music!
10/4/2019 al 13/4/2019

La Sala de conciertos de Brujas y el Centro Musical Cactus organizan una vez más More Music!, un fascinante encuentro musical entre los diversos mundos de la música. Un excitante concepto integral que lleva al visitante a un atrevido viaje musical.

INFO > www.moremusicfestival.be

MOOOV-filmfestival (El festival de cine MOOOV)
24/4/2019 al 2/5/2019

MOOOV vuelve a proyectar en Cinema Lumière las mejores películas de todos los rincones del mundo. Desde thrillers argentinos hasta humor surcoreano: ¡descúbralo todo en el centro de Brujas!

INFO > www.mooov.be

Mayo

Belmundo
15/5/2019 al 19/5/2019

Venga a hacer un viaje cultural a España, Portugal e Italia, con mucha música y otras actividades.

INFO > www.ccbrugge.be

Budapest Festival
16/5/2019 al 18/5/2019

Festival de música con conciertos de la renombrada Budapest Festival Orchestra bajo la dirección de Iván Fischer, con sinfonías románticas de Schubert y Bruckner y obras para piano de Mozart.

INFO > www.concertgebouw.be

(Lea más sobre este festival en la pág. 115, en los cinco eventos que según Ayako Ito no se puede perder.)

Meifoor (La Feria de Mayo)

10/5/2019 al 2/6/2019

Durante un período de tres semanas unas 90 atracciones de feria se instalan en las plazas de 't Zand y el Simon Stevinplein.

Julio

Cactusfestival

5/7/2019 al 7/7/2019

Festival de música al aire libre lleno de ambiente en el parque Minnewater, con una mezcla de música actual en toda su diversidad. De renombre internacional, pero agradable. Un festival de proporciones humanas que despierta todos los sentidos, además del escenario, con una amplia oferta gastronómica.

INFO > www.cactusfestival.be

Zandfeesten (Fiestas en la plaza 't Zand)

7/7/2019

Este mercado de antigüedades y curiosidades, el más grande de Flandes, tiene lugar en la plaza de 't Zand y atrae a compradores de fuera de las fronteras.

Cirque Plus

12/7/2019 al 14/7/2019

Festival de circo gratis con artistas belgas y extranjeros en un marco incomparable: el jardín del Seminario Mayor.

INFO > www.cirqueplus.be

MOODS!

26/7/2019 al 3/8/2019

Eventos musicales y espectáculos en marcos incomparables del centro de Brujas, como el patio interior del Campanario y la plaza Burg. Puede deleitarse con uno de los conciertos nocturnos de renombrados artistas nacionales e internacionales rodeado de un entorno único.

INFO > www.moodsbrugge.be

Agosto

MAfestival

2/8/2019 al 11/8/2019

Este reconocido festival de Música Antigua – de ahí el nombre MA – reúne cada año a los mejores del mundo en Brujas y la campiña de Brujas.

INFO > www.mafestival.be

Zandfeesten (Fiestas en la plaza 't Zand)

4/8/2019

Mercado de antigüedades y curiosidades en la plaza 't Zand.

Benenwerk – Ballroom Brugeoise

10/8/2019

¡Saque a su mejor bailarín! Bandas de música en directo y pinchadiscos repartidos por la ciudad le acompañan en este maratón del baile en diferentes salones con la música de baile más diversa.

INFO > www.benenwerk.be

CONCIERTOS MAGISTRALES EN LA CATEDRAL

Abril a septiembre

Durante más de sesenta años numerosos organistas, coros y solistas de renombre de Bélgica y el extranjero dan lo mejor de sí durante los conciertos en la Catedral de San Salvador *(ver también la pág. 72)*. Marcel Dupré, uno de los grandes virtuosos de órgano del siglo XX, tocaba en el antiquísimo órgano. Un disfrute cultural que no se puede perder.

INFO > www.kathedraalconcerten.be

Brugse Kantdagen (Días del encaje)
15/8/2019 al 18/8/2019

La plaza Walplein y los edificios de la cervecería De Halve Maan rezuman el arte del encaje, con puestos de información y exposición, venta de encaje y demostraciones.

INFO > www.kantcentrum.eu
(Lea más sobre el encaje y el Centro del encaje en la pág. 66.)

Lichtfeest (Fiesta de la Luz)
16/8/2019 y 17/8/2019

Lissewege, el "pueblo blanco del pólder" se vuelve a cubrir en un manto de luz y cordialidad. En cuanto cae la noche, puede disfrutar gratis de música ambiental, arte en vídeo, teatro callejero e instalaciones de fuego y luz.

INFO > www.lichtfeestlissewege.be

Septiembre

Open Monumentendag (Día de los Monumentos)
7/9/2019 y 8/9/2019

Brujas abre durante el segundo fin de semana de septiembre las puertas de sus monumentos al público por 31ª vez.

INFO > www.bruggeomd.be

Zandfeesten (Fiestas en la plaza 't Zand)
22/9/2019

Mercado de antigüedades y curiosidades en la plaza 't Zand.

Kookeet (Cocinar y comer)
28/9/2019 al 30/9/2019

La novena edición de Kookeet se organiza en un elegante pueblo de tiendas de campaña. Durante este happening culinario 31 topchefs de Brujas y un chef invitado sirven diversos platos gastronómicos a precios económicos *(ver también la pág. 91).*

INFO > www.kookeet.be

CONCIERTOS DE CARILLÓN

Puede disfrutar de los conciertos de carillón gratuitos durante todo el año, los miércoles, sábados y domingos de 11.00h a 12.00h. Desde mediados de junio hasta mediados de septiembre también se dan conciertos nocturnos: los lunes y miércoles de 21.00h a 22.00h. Un lugar ideal para escuchar es el patio interior del Campanario.

INFO > www.carillon-brugge.be

Octubre

Iedereen Klassiek (Clásicos para todos)
26/10/2019

La emisora de música clásica Klara y la Sala de conciertos de Brujas aúnan sus esfuerzos y le dan a conocer la belleza de Bach, Beethoven y Brujas. Este festival municipal de la música clásica lo clausura tradicionalmente la Filarmónica de Bruselas.

INFO > www.concertgebouw.be

Noviembre

Wintermarkt (Mercado navideño)
22/11/2019 al 1/1/2020

Durante más de un mes se puede impregnar del ambiente navideño en las plazas del Markt y Simon Stevinplein. En el Markt, puede incluso patinar sobre hielo.

Diciembre

December Dance
6/12/2019 al 16/12/2019

La cita anual para los amantes de la danza de todo el mundo. El festival de varios días reúne obras de personalidades establecidas y jóvenes talentos en diversos lugares únicos de la ciudad. Needcompany, el colectivo de artes escénicas de Bruselas, y Jan Lauwers, son invitados de honor y curadores durante la edición 2019.

INFO > www.decemberdance.be

Todas las fechas y los eventos están sujetos a modificaciones.

Casas de la cultura

♿ 🛜 ⑰ Concertgebouw (Sala de conciertos)

Aquí se disfruta de lo más selecto de la música y danza contemporánea. El impresionante Auditorio (1289 asientos) y su más pequeña Sala para música de cámara (capacidad para 322 personas) son famosos por la excelente calidad de su acústica. Además, también puede admirar diversas obras de arte contemporáneo. Eche durante el día un vistazo entre bastidores, con el Concertgebouw Circuit *(ver las pág. 60 y 114)*.

INFO Y TICKETS > 't Zand 34, durante las horas de apertura del Concertgebouw Circuit o tel. +32 (0)70 22 12 12 (lunes a viernes, 14.00-17.00h), www.concertgebouw.be

🛜 ㉘ KAAP | De Werf

KAAP Creative Compass, centro de arte contemporáneo, cuenta con dos lugares en Brujas: De Werf y el Groenplaats. Los jóvenes artistas y performers trabajan en este último sitio y pueden montar sus creaciones con total libertad. Si quiere ir a una obra chispeante de teatro y jazz de cualquier rincón del mundo el sitio es De Werf. Pero KAAP también se lanza a la calle, con artistas y público que buscan un espacio en la ciudad. KAAP es por lo tanto su brújula creativa para Brujas.

INFO Y TICKETS > Werfstraat 108, tel. +32 (0)70 22 12 12 (lunes a viernes, 14.00-17.00h), www.kaap.be

Sala de conciertos

Teatro Municipal

♿ 🛜 ③① Magdalenazaal (MaZ, Sala Magdalena)

Gracias a su diseño arquitectónico, la "caja negra" MaZ es el lugar ideal para diferentes eventos. El Centro Cultural de Brujas y el Centro Musical Cactus organizan conciertos de música pop y rock en esta sala, tanto con nombres conocidos como con talentos por descubrir. Y también artistas de teatro y de danza encuentran aquí una plataforma para su arte. Y por último, no olvidar los espectáculos para niños y familias.

INFO Y TICKETS > Magdalenastraat 27, Sint-Andries, tel. +32 (0)50 44 30 60 (martes a viernes, 13.00-17.00h; los sábados, 16.00-19.00h; cerrado desde el 1/7 hasta el 15/8 y en días festivos), www.ccbrugge.be

♿ 🚫 🛜 ④① Stadsschouwburg (Teatro Municipal)

El Teatro Municipal de Brujas (1869) cumple este año su 150 aniversario y es uno de los teatros mejor conservados de Europa. Detrás de la sobria pero impresionante fachada neorrenacentista de este teatro real, se esconden un vestíbulo palaciego y una sala majestuosa en rojo y oro. Se organizan aquí espectáculos de danza y teatro contemporáneos y todo tipo de conciertos.

INFO Y TICKETS > Vlamingstraat 29, tel. +32 (0)50 44 30 60 (martes a viernes, 13.00-17.00h; los sábados, 16.00-19.00h; cerrado desde el 1/7 hasta el 15/8 y en días festivos), www.ccbrugge.be

De compras en Brujas

Hoogstraat

Se suele asociar Brujas con la destreza y la maestría de gremios de la Edad Media pero también hoy en día es un criadero de empresarios creativos. Encontrará innumerables tiendecillas auténticas con ese toque especial, intercaladas con galerías de arte de renombre y anticuarios. El ir de compras en Brujas supone una exploración de rincones originales y a la última, direcciones vintage que funcionan como mayoristas de la nostalgia y clásicos que llevan décadas en las manos de la misma familia.

HANDMADE IN BRUGGE
CIUDAD DE LA INSPIRACIÓN ARTESANA

En Brujas, encontrará artesanos entregados e inspirados, que demuestran día a día que la artesanía tiene un futuro y que el saber hacer de Brujas es atemporal. Handmade in Brugge en Brujas ofrece a los artesanos manuales y que usan productos locales la marca Handmade in Brugge. La guía Handmade in Brugge está disponible en neerlandés, frances, alemán y inglés y la puede recoger gratis en las 🛈 oficinas de información. En el mapa de la guía están indicadas las múltiples tiendas y talleres artesanales para que las encuentre fácilmente. Seguro que acabará comprando un regalo original y artesanal para usted o para alguien de la familia.

Dé un paseo también por De Makersrepubliek en la calle Academiestraat 14, un centro abierto para los artesanos de Brujas, jóvenes empresarios y empresas de nueva creación. La oficina central de "Handmade in Brujas" está en Sint-Jakobsstraat 36 (www.handmadeinbrugge.be).
Vaya a las pág. 121 y 130 y descubra tiendas especiales llenas de inspiración y lea toda la información sobre #LocalLove y #ArtandAntiques.

¿Dónde ir de compras?

Gracias a que Brujas es una ciudad muy agradable para pasear y las principales calles comerciales están conectadas unas con otras, ir de compras por la ciudad es especialmente fácil. Entre las conocidas cadenas comerciales encontrará numerosas boutiques, y aquellos que salgan de las arterias principales seguro que harán nuevos descubrimientos. Las calles comerciales más importantes (marcadas en amarillo en el plano desplegable de la ciudad) se encuentran entre la plaza del Markt y las antiguas puertas de la ciudad. Entre las calles Noordzandstraat y Zuidzandstraat se esconde la pequeña pero elegante zona comercial de Zilverpand. Cada barrio tiene su propio estilo. En la calle Steenstraat y alrededores encontrará las marcas más conocidas, en la Langestraat las tiendas de segunda mano y curiosidades. Los grandes supermercados están fuera del centro de la ciudad.

¿Cuándo ir de compras?

La mayoría de las tiendas abren sus puertas a las 10.00h y cierran a las 18.00h o 18.30h, de lunes a sábado. Pero incluso los domingos no hace falta salir de Brujas con las manos vacías. Muchos negocios ya están abiertos los domingos, pero los "domingos de compras" (el primer domingo del mes, de 13.00h a 18.00h, siempre que no sea festivo) hay muchos más. Para que el hacer compras sea aún más agradable, las siguientes calles comerciales tienen un régimen "amable" de circulación los sábados por la tarde y los domingos comerciales (de 13.00h a 18.00h): Zuidzandstraat, Steenstraat, Geldmuntstraat y Noordzandstraat.

CONSEJO

¿Está buscando divertidas direcciones de compras? Las encontrará en el capítulo "Consejos de los conocedores de Brujas" en las pág. 102-103, 110-111, 118-119, 126-127, 134-135.

Recuerdos típicos de Brujas

Brujas ya era reconocida en el siglo XIV como un importante centro comercial del diamante; la ciudad incluso contaba con varios expertos en el pulido de esta piedra preciosa. En el Laboratorio del diamante en el Museo del diamante de Brujas, aprenderá como evaluar este arte de lujo y belleza, y seguro que tendrá alguna brillante inspiración. Antes de comprar podrá juzgar cual experto la tienda del museo y las joyerías de la ciudad. *Más información sobre el Museo del diamante en la pág. 61.*

El encaje también está vinculado a Brujas desde tiempos inmemoriales. Hubo un tiempo cuando un cuarto de las mujeres de Brujas eran encajeras. Hoy en día aún puede ver alguna encajera en acción en una de las tiendas de la ciudad. *Más información sobre el encaje y el Centro del encaje de Brujas en la pág. 66.*

A los habitantes de Brujas les gusta tomar, una buena cerveza. La ciudad se las arregla muy bien con una serie de cervezas locales: la *Straffe Hendrik* y la *Brugse Zot* se producen en De Halve Maan, un hito en el casco antiguo de la ciudad; ocho cervezas artesanales, como la triple *Fort Lapin 8* y la cuádruple *Fort Lapin 10*, se producen en la fábrica de cerveza Fort Lapin a las afueras de la ciudad, y la *Bourgogne des Flanders* la podrá probar en la fábrica de cerveza del mismo nombre en las orillas del Dijver. ¿Le hemos convencido? Venga al Festival anual de la Cerveza de Brujas o visite el Bruges Beer Experience. *En las pág. 57-59 encontrará más información sobre De Halve Maan y Bourgogne des Flandres y sobre el Bruges Beer Experience; más información sobre la cervecería Fort Lapin en www.fortlapin. com; más información sobre el Festival de la Cerveza en Brujas en la pág. 79.*

¿No es un fanático de la cerveza? Los más golosos pueden dirigirse a una de las más de 50 tiendas de chocolate. Ofrecen algo para todos los gustos: desde una deliciosa y tradicional tableta de chocolate, hasta pequeñas delicias para chuparse los dedos, pasando por ingeniosas preparaciones moleculares a nivel de cocineros con estrellas. ¿Sabía que Brujas le puede ofrecer diversos chocolates, desde un praliné (el "Brugs Swaentje", elegido por los mismos habitantes de Brujas como el más delicioso de una selección de candidatos) hasta un chocolate de la ciudad ("Sjokla", con cacao de comercio justo)? *Más información sobre el chocolate en las pág. 59-60.*

Sjokla

La Brujas gastronómica

Brujas es, con una serie de impresionantes restaurantes de primera, un paraíso para los amantes de la buena mesa. La oferta culinaria varía desde establecimientos con estrella Michelín de proyección internacional pasando por elegantes brasseries hasta especialidades deliciosas de la cocina belga e internacional.

KOOKEET
EL MAYOR FESTIVAL CULINARIO,
CON TOPCHEFS DE BRUJAS Y CHEF INVITADO

Todos los años participan nada menos que 100.000 visitantes en la fiesta culinaria Kookeet, que celebra ya su novena edición. ¿La receta del éxito? Durante tres días, topchefs de Brujas y un chef invitado ofrecen perlas gastronómicas a un precio muy económico. Los comensales mismos se montan su propio menú eligiendo de entre un amplio abanico de platos, a su ritmo. Los chefs de Brujas forman parte todos y cada uno de ellos de una élite culinaria y cuentan con una o varias estrellas Michelín, una mención en el Bib Gourmand o una alta puntuación en Gault&Millau.

Puede leer más información en la pág. 82 y en www.kookeet.be.

Restaurantes reconocidos

» **De Jonkman**   Maalse Steenweg 438, 8310 Sint-Kruis, tel. +32 (0)50 36 07 67, www.dejonkman.be (2 estrellas Michelín, Gault&Millau: 18/20)

» **Zet'Joe**   Langestraat 11, 8000 Brugge, tel. +32 (0)50 33 82 59, www.zetjoe.be (1 estrella Michelín, Gault&Millau: 17/20)

» **Sans Cravate**   Langestraat 159, 8000 Brugge, tel. +32 (0)50 67 83 10, www.sanscravate.be (1 estrella Michelín, Gault&Millau: 16,5/20)

» **Den Gouden Harynck**   Groeninge 25, 8000 Brugge, tel. +32 (0)50 33 76 37, www.goudenharynck.be (1 estrella Michelín, Gault&Millau: 16/20)

» **Goffin**   Maalse Steenweg 2, 8310 Sint-Kruis, tel. +32 (0)50 68 77 88, www.timothygoffin.be (1 estrella Michelín, Gault&Millau: 15,5/20)

» **Auberge De Herborist**   De Watermolen 15, 8200 Sint-Andries, tel. +32 (0)50 38 76 00, www.aubergedeherborist.be (1 estrella Michelín, Gault&Millau: 15/20)

» **Bistro Bruut**   Meestraat 9, 8000 Brugge, tel. +32 (0)50 69 55 09, www.bistrobruut.be (Gault&Millau: 15,5/20)

» **L.E.S.S.**   Torhoutse Steenweg 479, 8200 Sint-Michiels, tel. +32 (0)50 69 93 69, www.l-e-s-s.be (Gault&Millau: 15/20)

» **Patrick Devos**   Zilverstraat 41, 8000 Brugge, tel. +32 (0)50 33 55 66, www.patrickdevos.be (Gault&Millau: 15/20)

» **Rock-Fort**   Langestraat 15-17, 8000 Brugge, tel. +32 (0)50 33 41 13, www.rock-fort.be (Gault&Millau: 15/20)

» **Floris**   Gistelse Steenweg 520, 8200 Sint-Andries, tel. +32 (0)50 73 60 20, www.florisrestaurant.be (Gault&Millau: 14,5/20)

» **Tête Pressée**   Koningin Astridlaan 100, 8200 Sint-Michiels, tel. +32 (0)470 21 26 27, www.tetepressee.be (Gault&Millau: 14,5/20)

» **Bistro Refter**   Molenmeers 2, 8000 Brugge, tel. +32 (0)50 44 49 00, www.bistrorefter.be (Gault&Millau: 14/20 y seleccionado como Bib Gourmand)

» **bonte B**   Dweersstraat 12, 8000 Brugge, tel. +32 (0)50 34 83 43, www.restaurantbonteb.be (Gault&Millau: 14/20)

» **Franco Belge**   Langestraat 109, 8000 Brugge, tel. +32 (0)50 69 56 48, www.restaurantfrancobelge.be (Gault&Millau: 14/20)

» **Hubert Gastrobar**   Langestraat 155, 8000 Brugge, tel. +32 (0)50 64 10 09, www.gastrobar-hubert.be (Gault&Millau: 14/20)

» **Le Mystique**   Niklaas Desparsstraat 11, 8000 Brugge, tel. +32 (0)50 44 44 45, www.lemystique.be (Gault&Millau: 14/20)

» **'t Pandreitje**   Pandreitje 6, 8000 Brugge, tel. +32 (0)50 33 11 90, www.pandreitje.be (Gault&Millau: 14/20)

» **Tanuki**   Oude Gentweg 1, 8000 Brugge, tel. +32 (0)50 34 75 12, www.tanuki.be (Gault&Millau: 14/20)

» **Assiette Blanche**   Philipstockstraat 23-25, 8000 Brugge, tel. +32 (0)50 34 00 94, www.assietteblanche.be (Gault&Millau: 13,5/20 y seleccionado como Bib Gourmand)

» **Bistro Rombaux**   Moerkerkse Steenweg 139, 8310 Sint-Kruis, tel. +32 (0)50 73 79 49, www.bistrorombaux.be (Gault&Millau: 13/20)

» **Cantine Copine**   Steenkaai 34, 8000 Brugge, tel. +32 (0)470 97 04 55, www.cantinecopine.be (Gault&Millau: 13/20)

» **De Mangerie**   Oude Burg 20, 8000 Brugge, tel. +32 (0)50 33 93 36, www.mangerie.com (Gault&Millau: 13/20)

» **Goesepitte 43**   Goezeputstraat 43, 8000 Brugge, tel. +32 (0)50 66 02 23, www.goesepitte43.be (Gault&Millau: 13/20)

» **Kok au Vin**   Ezelstraat 21, 8000 Brugge, tel. +32 (0)50 33 95 21, www.kok-au-vin.be (Gault&Millau: 13/20 y seleccionado como Bib Gourmand)

» **Komtuveu**   Gentpoortstraat 51, 8000 Brugge, tel. +32 (0)495 62 53 29, www.komtuveu.com (Gault&Millau: 13/20)

» **La Buena Vista**   Sint-Clarastraat 43, 8000 Brugge, tel. +32 (0)50 33 38 96 (Gault&Millau: 13/20)

» **La Tâche**   Blankenbergse Steenweg 1, 8000 Sint-Pieters, tel. +32 (0)50 68 02 52, www.latache.be (Gault&Millau: 13/20)

» **Lieven**   Philipstockstraat 45, 8000 Brugge, tel. +32 (0)50 68 09 75, www.etenbijlieven.be (Gault&Millau: 13/20)

» **'t Jong Gerecht**   Langestraat 119, 8000 Brugge, tel. +32 (0)50 31 32 32, www.tjonggerecht.be (Gault&Millau: 13/20)

» **Parkrestaurant**   Minderbroedersstraat 1, 8000 Brugge, tel. +32 (0)497 80 18 72, www.parkrestaurant.be (Gault&Millau: 12/20)

» **The Blue Lobster**   Tijdokstraat 9, 8380 Zeebrugge, tel. +32 (0)50 68 45 71, www.thebluelobster.be (Gault&Millau: 12/20)

» **Tom's Diner**   West-Gistelhof 23, 8000 Brugge, tel. +32 (0)50 33 33 82, www.tomsdiner.be (Gault&Millau: 12/20)

» **Tou.Gou**   Smedenstraat 47, 8000 Brugge, tel. +32 (0)50 70 58 02, www.tougou.be (Gault&Millau: 12/20 y seleccionado como Bib Gourmand)

» **'t Werftje**   Werfkaai 29, 8380 Zeebrugge, tel. +32 (0)497 55 30 10, www.twerftje.be (Gault&Millau: 12/20)

Puede encontrar más información sobre direcciones recomendadas en el capítulo "Consejos de los conocedores de Brujas" en las pág. 100-101, 108-109, 116-117, 124-125, 132-133.

Markt

Consejos de conocedores de Brujas

Brujas, ciudad patrimonio de la humanidad

Sonia Papili descubre la faceta italiana de Brujas

Rozenhoedkaai

Entre semana la italiana Sonia Papili estudia tranquilamente el Mar del Norte, los fines de semana lleva a los visitantes, italianos entre otros, alegremente por la ciudad. Un amor que comenzó tímidamente hace trece años, pero que hoy arde con más pasión que nunca.

IDENTIDAD

Nombre: Sonia Papili
Nacionalidad: italiana
Fecha de nacimiento: 17 de mayo 1972
Vive desde 2006 en Brujas. Sonia es geóloga y trabaja para el Ministerio de Defensa y como guía turística en Brujas.

Dos geólogos: él vinculado a la universidad de Gante, ella a la de Roma, que se conocieron en un barco en Estambul para concentrarse en el cambio climático. Hay peores formas de empezar una relación a larga distancia. La pareja se pasó tres años viajando entre Italia y Bélgica, pero decidieron finalmente afincarse en Brujas. "Solo había estado una vez en Brujas", dice Sonia. "Yo conocía Gante mucho mejor, pero a mi marido le parecía que Brujas me pegaba más por mi carácter y personalidad. ¡Y la verdad es que tuvo buen ojo: Brujas es totalmente mi ciudad!"

Sonia aprendió neerlandés y comenzó a trabajar aquí como geóloga. Durante el proceso de adaptación a Sonia se le despertó la curiosidad por la historia de su nueva ciudad. "Durante las clases de lengua surgían aquí y allí temas de historia. Y eso me dejó intrigada, así que me inscribí para un curso de tres años como guía oficial reconocida en Brujas".

"Yo conocía Gante mucho mejor, pero a mi marido le parecía que Brujas me pegaba más por mi carácter y personalidad. ¡Y la verdad es que tuvo buen ojo: Brujas es totalmente mi ciudad!"

RAZONES POR LAS QUE BRUJAS ES CIUDAD PATRIMONIO DE LA HUMANIDAD

En 1998 el Beaterio de Brujas fue considerado patrimonio de la humanidad. Un año después se le añadió el Campanario y en 2000 se unió todo el casco histórico. Desde 2009 también se incluye la Procesión de la Santa Sangre como Patrimonio inmaterial de la Humanidad. Brujas cuenta con un valioso patrimonio arquitectónico y es además un hermoso ejemplo de ciudad con un estilo homogéneo. Brujas es sobre todo famosa por su gótico báltico. Además, se ha conservado el diseño medieval urbano auténtico que ha crecido de forma orgánica. Y por si fuera poco Brujas es la "cuna" de los flamencos primitivos. Razones más que suficientes para que la UNESCO decidiera concederle la etiqueta de "ciudad patrimonio de la humanidad".

XPLORE BRUGES – la aplicación oficial para visitar Brujas

Explore Brujas con la app gratis Xplore Bruges. Hay paseos por la ciudad, excursiones en bici y visitas en sitios interiores. Casi todas las rutas están disponibles en cinco idiomas: español, francés, alemán, inglés y neerlandés. Por ahora hay dieciséis rutas disponibles. Desde "Brujas en el 1562", pasando por "Los tesoros escondidos de la Iglesia de Santiago" hasta "Artesanos de Brujas". Siempre habrá algo para cualquier gusto...

Consejo: descargue la app en casa o en una zona con wifi. Una vez se haya descargado su ruta favorita, no se hace falta conexión móvil a Internet para seguir la ruta. Si no está acostumbrado a descargarse apps, consulte las rutas en el sitio web www.xplorebruges.be.

Arte italiano

Durante su formación de guía turístico, Sonia pronto se enteró de que no era la primera italiana que había perdido su

corazón en Brujas. Desde el siglo XIII al XV Brujas hacía las veces de importante centro comercial que mantuvo fuertes lazos con las ciudades comerciales más importantes de Europa. Y sin duda con las ciudades italianas, que alrededor del 1300 ya habían sacado definitivamente la carta del comercio marítimo y eligieron Brujas como punto de partida. Inspirados por el éxito de los mercaderes italianos, otros comerciantes europeos también se dirigieron a Brujas, una tendencia que fue en aumento hasta convertirla en un oponente comercial de la altura de Venecia. Había nacido la "Venecia del Norte", aunque también se podría decir que Venecia era la "Brujas del Sur". "Aquello fue un gran descubrimiento, con lo que empecé a ver la ciudad, y sobre todo el barrio italiano, con otros ojos".

"Ya se sabía que los italianos comerciaban aquí, pero no fue solo eso, también dejaron restos artísticos", comenta Sonia, que para su tesis analizó las obras artísticas italianas en Brujas. "Está por supuesto la *Madonna de Brujas* de Miguel Ángel en la Iglesia de Nuestra Señora, pero hay más obras italianas dignas de admiración. Una sería la poética *Las venas del monasterio* de Giuseppe Penone en el sitio del antiguo Hospital de San Juan. O tres obras del artista contemporáneo Mario Molinari, toda una eminencia en Italia. Contamos con uno en la Avenida Kustlaan en el barrio del Zeebrugge, cerca de la antigua lonja. Supongo que los hermosos medallones de Lorenzo de' Medici y su esposa Clarice Orsini en la Corte Bladelin también son de artistas italianos, pero no he encontrado ninguna prueba al respecto".

"Lo que sí está documentado es que la familia de banqueros florentinos de' Medici explotaron una sucursal bancaria en la Corte Bladelin durante el siglo XV. También me llamaron la atención las imágenes más modernas de la fachada del ayuntamiento. Las esculpieron en los años 1980 Stefaan Depuydt (1937-2016) y su esposa italiana, Livia Canestraro. Dos imágenes son un autorretrato de la pareja. Y por cierto, de esa misma pareja artística hay muchas obras dispersas por toda Brujas. Así de bonita es una colaboración transfronteriza".

Las venas del monasterio

Desde chiquititos

Sonia ha sabido transmitir su amor por Brujas a sus antiguos compatriotas. "A los italianos les encanta que los atiendan aquí en su propio idioma. La mayoría es la primera vez que visitan Brujas y como les entiendo bien, les puedo atender mucho mejor. Pero lo primero que quieren saber es cómo es la calidad de vida aquí, cómo está el tema de los colegios, cómo vivimos... Les puedo afirmar con la mano en el pecho que la vida aquí es agradable". También su propia familia sabe encontrar los mejores rincones de Brujas. "La ciudad sigue evolucionando y en cuanto surge una nueva iniciativa, me voy a echar un vistazo. Y así es como a nuestras tres hijas se les educa en el amor de Brujas desde chiquititas". *(Si quiere descubrir Brujas de la mano de un guía oficial, vaya a la pág. 48-49.)*

Las direcciones de
Sonia Papili

LUGAR FAVORITO

» Coupure

"Me encanta **Coupure**, un lugar en mitad de la ciudad, pero al mismo tiempo lejos del bullicio. La forma en la que la imponente hilera de árboles marca una línea verde a lo largo del canal Coupure es una obra de arte. Además, nuestra familia está vinculada a este Coupure de una forma especial".

RESTAURANTES

» La Tâche, Blankenbergse Steenweg 1, tel. +32 (0)50 68 02 52, www.latache.be

"Mi marido ya había ido un par de veces a este sitio y siempre hablaba maravillas de las cosas que le habían servido. Este restaurante representa la gastronomía clásica con un toque meridional, en una hermosa casa señorial. La Tâche está en los primeros puestos de los lugares a visitar".

» Sans Cravate, Langestraat 159, tel. +32 (0)50 67 83 10, www.sanscravate.be

"Nuesto restaurante favorito. Y además Sans Cravate se ha ganado una merecida estrella. No es que vayamos todos los meses, pero cuando tenemos algo que celebrar lo hacemos aquí. Chef Henk sabe preparar comida contemporánea y clásica".

» **De Schaar**, Hooistraat 2, tel. +32 (0)50 33 59 79, www.bistrodeschaar.be

"El restaurante perfecto para el que después de llenarse en el Coupure, quiera disfrutar de mi rincón favorito de la ciudad. En el verano es una delicia sentarse en la terraza al borde del agua, y en invierno disfrutas de la chimenea".

» **De Bottelier**, Sint-Jakobsstraat 63, tel. +32 (0)50 33 18 60, www.debottelier.com

"Este es un lugar sin tonterías, con una gastronomía sana donde lo importante son las verduras. Y a un precio económico. Y si a todo eso le añades un interior encantador, comprenderás porqué suele haber un cartel con "lleno" en la puerta".

» **Du Phare**, Sasplein 2, tel. +32 (0)50 34 35 90, www.duphare.be

"Después de un paseo dominical por el Vesten o subirte a un molino, es agradable volver a recuperar el aliento en la espaciosa y soleada terraza de Du Phare. Si no hace bueno, dentro puede disfrutar en su acogedor interior de una gastronomía internacional que se adapta a las estaciones".

CAFÉS

» **Café Rose Red**, Cordoeaniersstraat 16, tel. +32 (0)50 33 90 51, www.caferosered.com

"Lo digo de verdad: no soy de beber mucho, pero sí me gusta probar un poco de aquí y de allí. Y no hay mejor sitio para hacerlo que en el Café Rose Red. Aquí puedes encontrar una atractiva oferta de las mejores cervezas belgas. ¡Y hay un montón!"

» **De Belleman Pub**, Jozef Suvéestraat 22, tel. +32 (0)50 34 19 89

"Los habitantes de Brujas llaman a este café tradicional en la esquina del Parque Reina Astrid "De Belleman's". Me encanta el ambiente británico que transmite y el hecho de que puedes fraternizar con los asiduos que tienen desde tiempo inmemorial su puesto fijo en la barra".

» **De Proeverie**, Katelijnestraat 6, tel. +32 (0)50 33 08 87, www.deproeverie.be

"En este salón de té al estilo británico probarás el mejor batido de chocolate de Brujas. Chocolate recién derretido con leche caliente: no hace falta nada más. Y no quiero ni hablar del helado, los pasteles y scones caseros... Una visita a De Proeverie es todo un placer".

» **De Zolder**, Vlamingstraat 53, tel. +32 (0)477 24 49 05

"Una cafetería subterránea que se llame "El ático", eso solo se ve en Bélgica. De Zolder es un café cool y relajado en el que puedes probar cervezas de la zona en un entorno medieval. El servicio es muy agradable. Es ideal para quedar con amigos".

» **Grand Hotel Casselbergh**, Hoogstraat 6, tel. +32 (0)50 44 65 00, www.grandhotelcasselbergh.com

"El bar elegante y distinguido del Grand Hotel Casselbergh es un lugar delicioso para descansar antes o después de una cena. Te puedes sentar a la barra o en uno de los cómodos sillones. Aquí puedes empezar una velada con gusto o terminarla con clase. También atienden a clientes que no sean del hotel".

TIENDAS

» **Callebert**, Wollestraat 25, tel. +32 (0)50 33 50 61, www.callebert.be

"Como aprendiz de diseño me encuentro a mis anchas en Callebert, un oasis de elegancia donde reina la belleza atemporal. Con una sección infantil que despierta el deseo tanto de los niños como de sus padres".

» **Da Vinci**, Geldmuntstraat 34, tel. +32 (0)50 33 36 50, www.davinci-brugge.be

"Ya haga frío o calor y en cualquier momento del día, los visitantes y ciudadanos de Brujas esperan pacientemente a que sus sueños se hagan realidad. La cantidad de sabores no se pueden ni contar. Además, absolutamente todo, desde el helado hasta las salsas lo hacen ellos mismos".

» **De Witte Pelikaan**, Vlamingstraat 23,
tel. +32 (0)50 34 82 84,
www.dewittepelikaan.be

"Al que le guste la Navidad, le encantará De Witte Pelikaan, decorado todo el año con bolas y campanitas de Navidad. Árboles de Navidad por todos sitios, llenos de objetos artesanos de cristal, bolas únicas y adornos para todos los bolsillos. Si aquí no encuentra la decoración navideña de sus sueños, no la encontrará en ningún sitio".

» **Krokodil**, Sint-Jakobsstraat 47, tel. +32 (0)50 33 75 79, www.krokodil.be

"Un tesoro para todos los que tengan niños. Aquí no hay cachivaches sino juguetes hermosos, sólidos y resistentes que aguantan elegantemente el paso del tiempo".

» **BbyB**, Sint-Amandsstraat 39, tel. +32 (0)50 70 57 60, www.bbyb.be

"En BbyB encontrará una gama de chocolates de alta costura y líneas elegantes difíciles de resistir. Una y otra vez siento la tentación de entrar en esta tienda para probar nuevas combinaciones de sabores. Porque hay que admitirlo, ¿a quién no le gusta el chocolate con ruibarbo, especias, caramelo babelutte o anís?"

CONSEJO ESPECIAL

» **Restos de la antigua Catedral de San Donaciano**, Burg 10, tel. +32 (0)50 44 68 44

"Bajo el prestigioso Crowne Plaza Hotel se encuentran los restos de la antigua Catedral de San Donaciano que representaba el poder religioso en la plaza Burg. La **Catedral de San Donaciano** era además la iglesia de la corte de los condes de Flandes. Si verdaderamente quiere profundizar en la historia más antigua de la ciudad, puede solicitar en la recepción del hotel si puede entrar a echar un vistazo en el sótano. En Brujas hasta el suelo está lleno de historia...".

Primitivos flamencos
como centro de atención

Las obras maestras centenarias siguen
emocionando a Till-Holger Borchert

Museo Groeninge

Nacido en Hamburgo, vive en Brujas. Trabaja y disfruta entre seis siglos de hermosas obras de arte, rodeado por los maravillosos primitivos flamencos. En 2002, Till-Holger Borchert fue uno de los miembros
de la comisión encargada de Brujas, Capital Europea de la Cultura.
Hoy es el director general de Musea Brugge y conservador de los
museos Groeninge y Arentshuis.

IDENTIDAD

Nombre: Till-Holger Borchert
Nacionalidad: alemán
Fecha de nacimiento: 4 de enero de 1967
Vive y trabaja en Brujas, es director general de
Musea Brugge y conservador jefe del Museo
Groeninge. Además, es autor de innumerables
libros sobre los primitivos flamencos.

"Brujas es una ciudad excepcionalmente bonita", Till-Holger Borchert lo sabe. "Pero no es solo eso, sino que además es un lugar con una gran calidad de vida gracias a la manera tan inteligente de combinar su carácter medieval con un ambiente moderno y de hoy en día. En el siglo XIII ya existía en la ciudad un núcleo de rica burguesía que hizo crecer la ciudad hasta convertirla en el centro comercial del norte occidental de Europa. El mandato borgoñón a lo largo del siglo XV supuso una exitosa política de gestión que consolidó la población y tuvo un efecto muy positivo en el desarrollo de la ciudad. Por otro lado, Brujas se ha visto a lo largo de su historia menos afectada por movimientos iconoclastas que otras ciudades de Europa. Este espíritu de respeto aún prevalece en la ciudad, y de él disfrutan tanto sus habitantes y visitantes como yo".

Vírgenes corrientes

"Casi todos los días voy a visitar dos obras maestras: El díptico *La Virgen y Maarten van Nieuwenhove* de Hans Memling en el Hospital de San Juan y *La Virgen y el Canónigo Joris van der Paele* de Jan van Eyck en el Museo Groeninge. Es obvio que no puedo decir que vea algo diferente en los cuadros en cada visita, aun así parece que mi curiosidad continúa siendo tan grande como mi placer, de modo que siempre

"Cada día tengo la oportunidad de saludar a dos obras magistrales".

vuelvo para buscar nuevos detalles. Se puede preguntar qué es lo que hace que los primitivos flamencos sean tan atractivos para la gente de antes, de ahora y además, de todos los rincones del mundo. Yo creo que se debe al hecho de que, por primera vez en nuestra historia del arte, personas y objetos tienen mucho que ver con el ambiente que nos rodea. Incluso una Virgen puede parecer una mujer corriente. Con otras palabras, los primitivos flamencos sentaron las bases de un concepto del arte que, gracias a su realismo, es comprensible por los admiradores de hoy. Ellos descubrieron el concepto del individuo. Además de todo lo anterior, fueron maestros en solucionar problemas. De una manera increíblemente práctica e ingeniosa manejan la técnica para delimitar el espacio, por ejemplo incluyendo un espejo en la obra. En el díptico de Memling al lado izquierdo de la Virgen cuelga un espejo redondo que

refleja la estancia donde se encuentra. En él no solo se ve la silueta de la Virgen, sino que al lado también está la imagen del donante, Maarten van Nieuwenhove. ¡Genial! ¿Me emociona aún

GRUUTHUSE SORPRENDE COMO NUNCA

2019 es el año del Museo Gruuthuse. Este palacete del siglo XV vuelve a abrir sus puertas a finales de mayo. Después de un largo periodo de restauraciones, el edificio está totalmente listo para que los visitantes lo puedan volver a admirar, como ya ocurría hace siglos cuando era residencia de los señores de Gruuthuse. El museo muestra 500 años de historia de Brujas; una rica colección de objetos de arte, documentos y manuscritos dan vida a las historias de los soberanos y la élite acaudalada. El museo también ofrece acceso a la peculiar capilla que conecta el palacio Gruuthuse con la Iglesia de Nuestra Señora. Desde esta capilla privada, los habitantes de palacio podían oír misa sin tener que mezclarse con el pueblo llano.

Puede leer más información sobre el Museo Gruuthuse en la pág. 64.

esta obra? Sin duda alguna. Pero realmente pura emoción la experimento antes con un cuadro de Rogier van der Weyden que de Jan van Eyck. Con el trabajo de van Eyck o Memling quizá me sobrecoja más el elemento intelectual, conceptual. Van der Weyden y van Eyck, solo por disfrutar de estos dos maestros y polos opuestos, merece la pena una visita a Brujas".

SEPULCROS INTERESANTES

En el centro de la capilla de Jerusalén (en el barrio de Santa Ana) se encuentra la tumba de Anselm Adornes (1424-1483) y su esposa Margarita Vander Banck (†1462). Anselm – descendiente de una rica familia de comerciantes, confidente de los Duques de Borgoña y consejero del Rey de Escocia – tras la construcción de la capilla, levantada cual copia del Santo Sepulcro, expresó su deseo de ser aquí enterrado junto a su esposa. Finalmente murió asesinado y enterrado en Escocia. Solo su corazón descansa en este sepulcro. *Más información sobre los Adornes en la pág. 54.*

Las direcciones de
Till-Holger Borchert

LUGAR FAVORITO

» **Iglesias brujenses**

"No se pierda las grandes obras de arte que se muestran en las iglesias más importantes de Brujas. Tampoco olvide admirar la torre de la Iglesia de Nuestra Señora, ya que con sus 115,5 metros de altura, es la segunda torre de iglesia de ladrillo más alta del mundo. En la Catedral de San Salvador no pase por alto las pinturas murales de la capilla bautismal, y, en la Iglesia de Santiago, el **mausoleo de la familia de Gros**, prueba del poder y riqueza de la élite borgoñona".

RESTAURANTES

» **Kok au Vin**, Ezelstraat 21, tel. +32 (0)50 33 95 21, www.kok-au-vin.be

"En este acogedor bistro disfrutará de platos deliciosos hechos con productos locales y muy frescos. El chef Jürgen Aerts sabe cómo crear sabores perfectos con sencillez. Y además, el comer aquí es accesible a cualquier bolsillo".

» **Den Gouden Harynck**, Groeninge 25, tel. +32 (0)50 33 76 37, www.goudenharynck.be

"Den Gouden Harynck es conocido en Brujas por pequeños y grandes gourmets. Es también uno de los restaurantes más renombrados y agradables de la zona. Algo con lo que todos los que lo visitan están de acuerdo".

» **Den Amand**, Sint-Amandsstraat 4, tel. +32 (0)50 34 01 22, www.denamand.be

"En Den Amand he llegado a ver a un crítico culinario alemán copiando la carta completa, para que sirva de referencia. En este pequeño pero delicado bistró disfrutan tanto visitantes como brujenses".

» **'t Schrijverke**, Gruuthusestraat 4, tel. +32 (0)50 33 29 08, www.tschrijverke.be

"Este restaurante de ambiente hogareño toma su nombre de un poema de Guido Gezelle, que cuelga orgulloso al lado de la puerta. Pero 't Schrijverke es sobre todo conocido por sus platos regionales y la cerveza Karmeliet de grifo".

» **Tanuki**, Oude Gentweg 1, tel. +32 (0)50 34 75 12, www.tanuki.be

"Un pedazo de Japón en Brujas. Un rincón gastronómico sagrado donde inconscientemente pasamos a susurrar para no molestar a los que disfrutan de un ambiente tranquilo. En la cocina abierta el chef hace maravillas con el sushi y el sashimi y se preparan serenamente menús de siete platos".

CAFÉS

» **Café 't Klein Venetië**, Braamberg-straat 1, tel. +32 (0)50 33 10 37, www.kleinvenetie.be

"Todos los habitantes de Brujas saben que, si quieren atrapar los rayos de sol, se tienen que instalar en la terraza del Café 't Klein Venetië. Aquí me encanta sentarme en primera fila para disfrutar de la agradable animación en la plaza Huidenvettersplein y la hermosa vista del Rozenhoedkaai, el lugar más fotografiado de Brujas. En resumen, en esta terraza increíblemente popular sus ojos se quedan cortos".

» **Café Marcel**, Niklaas Desparsstraat 7-9, tel. +32 (0)50 33 55 02, www.hotelmarcel.be

"Café Marcel es la versión brujense y refinada de un moderno café vintage. Un bar de toda la vida con un traje nuevo, como demuestran los suelos de madera oscura, las sencillas lámparas, los bancos de piel y el original panelado de la pared. Podrá disfrutar de un delicioso desayuno, así como de un aperitivo con algo de picar".

» Delaney's Irish Pub & Restaurant, Burg 8, tel. +32 (0)50 34 91 45,
www.delaneys.be

"Siempre hay un ambiente festivo en el pub irlandés Delaney's. Seguro que encuentra un ambiente muy internacional. Es un buen sitio donde ponerse a charlar con todo el mundo".

» The Druid's Cellar, Sint-Amandsstraat 11, tel. +32 (0)50 61 41 44,
www.thedruidscellar.eu

"También me gusta pasar por The Druid's Cellar, aunque solo sea por ver a Drew, mi camarero favorito, o disfrutar tranquilamente de un buen whisky escocés o irlandés. Estos siempre saben un poquito mejor en The Druid's".

» Hollandse Vismijn, Vismarkt 4, tel. +32 (0)50 33 33 01

"Cuando me apetece simplemente una cerveza belga, me puede encontrar en el Hollandse Vismijn. Es un bar popular y agradable en el Vismarkt. El típico lugar donde todo el mundo se conoce y que siempre nos recibe con los brazos abiertos. ¡Salud!"

TIENDAS

» Antiquariaat Van de Wiele,
Sint-Salvatorskerkhof 7,
tel. +32 (0)50 33 63 17,
www.marcvandewiele.com

"Para piezas de arte e historia he descubierto el anticuario de Marc Van de Wiele. Este es sin duda uno de los mejores anticuarios con los que cuenta la ciudad. El lugar donde se podrá hacer con libros antiguos ilustrados".

» Den Gouden Karpel, Vismarkt 9-10-11, tel. +32 (0)50 33 33 89,
www.dengoudenkarpel.be

"La familia de pescadores Ameloot regenta desde hace años, y con todo su corazón y alma, Den Gouden Karpel: no solo una excelente pescadería y servicio de catering sino también un bar de pescado donde podrá saborearlo in situ. Para los amantes del pescado como yo, es difícil pasar por delante de Den Gouden Karpel sin pararse a comprar algo".

» **Boekhandel De Reyghere**, Markt 12, tel. +32 (0)50 33 34 03, www.dereyghere.be

"Para todo tipo de lectura me gusta ir a De Reyghere, en el Markt. En esta librería literaria incluso los visitantes de la ciudad se sienten como en casa gracias a la gran cantidad de periódicos extranjeros y libros en otros idiomas".

» **D's Deldycke traiteurs**, Wollestraat 23, tel. +32 (0)50 33 43 35. www.deldycke.be

"Ya en el siglo XV el español Pedro Tafur hizo famosa Brujas por su importación de frutos exóticos y especies únicas. Hoy en día Deldycke continúa con la tradición. Aquí le satisfarán todas sus necesidades culinarias".

» **Parallax**, Zuidzandstraat 17, tel. +32 (0)50 33 23 02, www.parallax.be

"Por tradición siempre compro mis calcetines en Parallax, pero también son maestros en camuflar mi tripita cervecera con mucho estilo. Una dirección aconsejable para todos aquellos que se enfrenten al mismo desafío. Boss, Scabal, Zilton, Falke... todas las marcas las puede encontrar aquí".

CONSEJO ESPECIAL

» **Museumshop**, Hof Arents, Dijver 16, www.museabrugge.be

"Si entra en la tienda del Museo Groeninge casi seguro que saldrá con un hermoso recuerdo. A modo de libro, reproducción o postal se puede llevar a casa su obra de arte favorita, o quizá pueda dejarse sorprender por originales souvenirs o un gadget de Brujas".

» **Capilla de Jerusalén**, **Museo Gezelle**, **Centro del encaje**, **Nuestra Señora de la Potterie** y **Museo de Cultura Popular**: *info vea las pág. 54, 63, 66, 68 y 74.*

"Cuando quiero relajarme y tomar un poco de aire fresco me dirijo al barrio de Santa Ana, la zona más común de Brujas. En las calles alrededor del **Museo de Cultura Popular** aún puede sentir lo que es un barrio auténtico, su encanto y la increíble calma en la que se descansa por la noche. Pero además, esta zona está llena de otros atractivos: el histórico complejo hospitalario de Nuestra Señora de la Potterie, el Centro del Encaje, la Capilla medieval de Jerusalén y el Museo Gezelle".

Brujas, centro internacional para la música clásica

Ayako Ito se siente como en casa en la ciudad donde se respira la música

Sala de conciertos

Estaba predestinado que Ayako Ito acabaría en Brujas. La ciudad patrimonio de la humanidad es amante de la música antigua y recibió a la pianista japonesa, especializada en auténtico pianoforte, con los brazos abiertos. En la ciudad donde se respira música constantemente, Ayako conoció además a su alma gemela, Jos van Immerseel.

IDENTIDAD

Nombre: Ayako Ito
Nacionalidad: Japonesa
Fecha de nacimiento: 23 de diciembre
Nacida en Tokio, en 1998 partió para Amberes y en 2017 se afincó en Brujas.

No es una exageración decir que a la pianista japonesa Ayako Ito le corre la música por las venas. La música la empujó desde la lejana Tokio, con una parada en Amberes, hasta Brujas. Gracias a la música, Ayako conoció a su marido, director y pianista Jos van Immerseel. "Vine a Bélgica como pianista para aprender a tocar el pianoforte – el piano de los siglos XVIII y XIX – en el Conservatorio de Amberes. Tuve la oportunidad de estudiar con un instrumento del 1826, un lujo increíble, algo imposible de conseguir en Japón. Después de cuatro años me licencié. Estuve un tiempo dando clase en el Conservatorio de Amberes para después volver a Tokio con dos instrumentos históricos que había adquirido. Pero las cosas se torcieron. El clima es totalmente diferente, es mucho más húmedo que aquí y afectó a mis instrumentos. Esos instrumentos fantásticos no sonaban bien en Tokio. Las diferencias climáticas hacían que no sonaran como debían. Cuando me di cuenta decidí volver a Bélgica". Ayako se afincó en Brujas, sede de Anima Eterna Brugge, una orquesta internacional que alcanzó la fama por sus interpretaciones históricas, bajo la batuta del marido de Ayako, Jos.

Proteger el patrimonio musical y desarrollarlo

A Ayako no le afecta ni el lugar ni el tiempo. La pianista se siente como en casa en dos continentes y no le gusta encasillarse en una época. "Estoy constantemente haciendo viajes en el tiempo; es una experiencia maravillosa. En Tokio todo es nuevo, en Brujas eres más consciente de que formamos parte de la historia. Es algo que nos dieron nuestros ancestros y que pasaremos a las generaciones posteriores".

Aquí las piezas del puzzle encajan. "Brujas es una ciudad histórica, patrimonio de la humanidad. Cuando paseo por aquí, siempre me impresiona lo que se ha sabido preservar en cuanto a belleza y valor. Aquí se respira la música antigua y es muy natural tocar un instrumento histórico en un marco así. Es como si formaras parte de un todo mayor. Intentamos no solo preservar el patrimonio musical, sino también desarrollarlo. La música antigua y Brujas tienen una relación simbiótica".

"Quien toque bien en la Sala de conciertos,
conquistará el resto del mundo".

Además, Ayako descubre cada día que en este entorno hay una gran pasión por la música antigua. "Aquí la música está realmente viva, y hay mucho interés por el tipo de música que hacemos. Ni que decir tiene que hay muchas iniciativas únicas: el MAfestival, por ejemplo, goza de fama mundial. Como músico te acostumbras a hablar con el público después de un concierto, pero aquí eso te pasa también en la calle, en un restaurante, una tienda... la gente se te acerca para hablar sobre música. Como si la ciudad nos apoyara y sostuviera. Como músicos, nos sentimos muy queridos. Y es una sensación agradable. Hace que Brujas sea nuestra ciudad".

Momentos intensos e inolvidables

La Sala de conciertos es un elemento importante en el amor de Brujas por la música. Es un lugar donde tanto músicos como amantes de la música pueden inspirarse y disfrutar. "La Sala de conciertos es realmente un escenario internacional de excelente nivel. Es un lugar muy especial: quien toque aquí bien, conquistará el resto del mundo.

UNA NUEVA FORMA DE VER BRUJAS, LA CIUDAD DE LA MÚSICA CLÁSICA

La famosa Sala de conciertos es más que un templo de la música para festivales de varios días, espectáculos de danza contemporánea y conciertos de alta calidad. Con el Concertgebouw Circuit podrá conocer Brujas, la ciudad de música clásica, de una forma original. A través de una ruta animada interactiva conocerá la famosa acústica de tanto la Sala de conciertos como de la Sala de música de cámara. Además, conocerá la notable arquitectura contemporánea del edificio y descubrirá la sorprendente colección de arte contemporáneo. Por el camino sacará el "músico" que lleva dentro en una de las muchas instalaciones acústicas para terminar – como guinda final – maravillándose con la vista espectacular de Brujas en la azotea del séptimo piso.

Pase a la pág. 60 para ver más información práctica sobre el Concertgebouw Circuit.

1. Los mágicos **Conciertos de clavicémbalo de Bach** (19/1/2019 - interpretados por la *Akademie für Alte Musik Berlin*) no se suelen tocar. En estos conciertos emotivos y virtuosos, Bach traspasa todas las fronteras. *Lea más sobre la Bach Academie Brugge, de donde forma parte este concierto, en pág. 78.*

2. Dieciséis bailarines de *Rosas*, la compañía internacional de Anne Teresa de Keersmaeker, interpretan **Los seis conciertos de Brandenburgo de J.S. Bach** (27 y 28/2/2019).

3. El 8/3/2019 *Anima Eterna Brugge* y *el barítono Thomas Bauer* interpretan obras de **Wolf, Mahler y Brahms**. El programa incluye música íntima de cámara y emotivas canciones de amor.

4. *Les Muffatti*, bajo la batuta del clavecinista *Bertrand Cuiller*, convocan a los cuatro elementos - fuego, aire, agua y tierra - o en una interpretación cósmica, por momentos, de varias suites barrocas de danza (**Los cuatro elementos**, 6/4/2019). *Lea más sobre el Kosmos Festival, del que forma parte esta actuación, en la págs. 79-80.*

5. El 16/5/2019 está programada un prometedor concierto: la *Budapest Festival Orchestra* interpretará **Mozart, Rossini y Schubert**. *Lea más sobre el Budapest Festival en la pág. 80. Más información en www.concertgebouw.be.*

La Sala de conciertos no solo está dotado con una excelente acústica, sino también con un público devoto e interesado. Y por eso, como músicos, queremos dar lo mejor de nosotros. Y cuando el público está muy concentrado, nosotros lo estamos aún más. Y así nos vamos empujando". Este ambiente crea momentos inolvidables que dejan una huella indeleble tanto a los músicos como al público. "El tocar música es sentirme viva. Me comunico constantemente con el público, cambio constantemente de energía y es algo muy intenso. Si todo encaja, es pura magia. Y el tocar junto con mi marido es incluso más fantástico. Juntos creamos

momentos especiales, con los que te das cuenta de lo intensa que es la vida, con todos tus sentidos alerta".

Las direcciones de
Ayako Ito

LUGAR FAVORITO

» **Palacio de Conciertos**, 't Zand 34,
tel. +32 (0)50 47 69 99,
www.concertgebouw.be y
www.concertgebouwcircuit.be

"La **Sala de Conciertos** cuenta con una magnífica reputación. Como músico, te entregas y, gracias a la perfecta acústica, recibes mucho a cambio. Oigo lo que el público oye y eso tiene un valor incalculable. El que quiera conocer de una forma original nuestro templo de la música en Brujas, puede hacerse el Concertgebouw Circuit, una ruta sensorial que le llevará por todo el edificio. O si no, puede asistir a un concierto o espectáculo de danza".

RESTAURANTES

» **Patrick Devos**, Zilverstraat 41,
tel. +32 (0)50 33 55 66,
www.patrickdevos.be

"Me encanta venir a este antiguo edificio con sus auténticos salones de art-nouveau y art-deco donde se puede disfrutar de una gastronomía contemporánea. Ligero, sano y muy natural. Un lugar especial".

» **Poules Moules**, Simon Stevinplein 9, tel. +32 (0)50 34 61 19,
www.poulesmoules.be

"Una dirección para comer mejillones, la especialidad de la casa. Si el tiempo ayuda, puede disfrutar de su agradable terraza en la plaza Simon Stevinplein".

» **Brasserie Raymond**, Eiermarkt 5, tel. +32 (0)50 33 78 48,
www.brasserie-raymond.be

"En Brujas, esta brasserie es toda una institución. Se come estupendamente y en un marco incomparable: es como si entraras en otra época y tuvieras un papel en una película".

» **De Mangerie**, Oude Burg 20, tel. +32 (0)50 33 93 36, www.mangerie.com
"Me encanta el original concepto de De Mangerie; el cocinero siempre sabe inventar nuevas creaciones. Aquí se prueba la pasión por la cultura oriental que se combina a la perfección con la cocina francesa".

» **Refter**, Molenmeers 2, tel. +32 (0)50 44 49 00, www.bistrorefter.com
"Servicio profesional, gastronomía de categoría, una bonita decoración y una terraza encantadora. O cómo comer bien en un lugar privilegiado. ¿Se puede pedir más?"

CAFÉS

» **Concertgebouwcafé**, 't Zand 34,
tel. +32 (0)50 47 69 99,
www.concertgebouw.be/en/
concertgebouwcafe

"Este es el lugar en el que recuperamos el aliento antes o después de un concierto y donde charlamos con el público y otros compañeros. Un lugar estimulante y muy acogedor".

» **Cervecería De Halve Maan**, Walplein 26, tel. +32 (0)50 44 42 22,
www.halvemaan.be
"Me encanta venir a esta fábrica de cervezas, con su larga historia. Ya se pueden encontrar las cervezas De Halve Maan en cualquier lugar del mundo; incluso en Tokio tienen su propio *Brugse Zot* café. En las instalaciones de la fábrica, además, puedes asistir a conciertos, para escuchar relajadamente mientras bebes una cerveza. ¡Una delicia!"

» **De Verloren Hoek**, Carmersstraat 178, tel. +32 (0)50 69 80 19, www.deverlorenhoek.be

"Este acogedor café está, para nosotros, a la vuelta de la esquina. El Verloren Hoek es, en mi opinión, sinónimo de personal amable y platos con un toque original. La vista increíble de los molinos y el baluarte es un regalo gratis".

» **Le Pain Quotidien**, Simon Stevinplein 15, tel. +32 (0)50 34 29 21, www.lepainquotidien.be

"Soy una fan de Le Pain Quotidien. Es un concepto fantástico: gracias a las grandes mesas donde todos se sientan juntos, surge una conversación espontánea con los vecinos. Aquí se sirven platos sabrosos hechos con esmero. Y la terraza no se la pueden perder".

» **Bar Jus**, Kleine Sint-Amandsstraat 10, tel. +32 (0)50 61 32 77, www.bar-jus.be

"Bar Jus es un rincón apartado. Aquí se pueden probar unos vinos magníficos con una gran oferta que se puede beber por copas. Siempre es bueno descubrir cosas nuevas. Y mientras disfruta de una deliciosa copa de vino, uno se siente como espectador de todo lo que pasa en la calle".

TIENDAS

» **Rombaux**, Mallebergplaats 13, tel. +32 (0)50 33 25 75, www.rombaux.be

"Esta fantástica tienda de música tiene más de cien años. Solo se puede tener esta antigüedad si ofreces calidad. Aquí puede consultar partituras, tocar y probar instrumentos, encontrar a otros músicos... suficientes razones para no comprar en línea".

» **Villa Maria**, Gistelse Steenweg 18-28, tel. +32 (0)50 31 07 44, www.villamaria.be

"En esta boutique de hermoso diseño encontrará las últimas colecciones de varias marcas de renombre. Si necesito una ropa urgentemente, me paso por Villa Maria. Aquí me pueden asesorar y siempre sé que saldré de la tienda con algo bonito y elegante".

» **lilola shop**, Langestraat 47b-49, tel.
+32 (0)50 33 66 02, www.lilola.be

"Aquí encontrará ropa y accesorios: de marcas internacionales pero también de talento demoledor. Lo que aquí compro es ideal para llevarlo a un concierto o una fiesta. Y los sabios consejos que dan son gratis".

» **Frederiek Van Pamel**, Ezelstraat 33, tel. +32 (0)50 34 44 80, www.frederiekvanpamel.be

"En Frederiek se entra en otro mundo. Es una tienda preciosa, decorada con flores. Un poco exótica, mucho colorido y una elegancia especial".

» **The Chocolate Line**, Simon Stevinsplein 19, tel. +32 (0)50 34 10 90, www.thechocolateline.be

"Cada vez que salgo de viaje, me llevo una carga de The Chocolate Line. Simplemente para volver a sorprender a mis amigos y familiares japoneses con pralinés originales y contemporáneos. Las creaciones de chocolate de Dominique Persoone son tan deliciosas que es difícil resistirse".

CONSEJO ESPECIAL

» **Capilla de Nuestra Señora de los Ciegos**, Kreupelenstraat 8, tel. +32 (0)50 32 76 60 o +32 (0)50 33 68 41, www.brugsebelofte.be

"La historia de esta bella **capilla** se remonta al 1305. Roberto III de Flandes mandó construir el lugar de culto original en memoria de la Batalla de Mons-en-Pévèle, entre Flandes y Francia. Es una auténtica joya. Lo encontré de casualidad porque di allí un concierto. Al lado de la iglesia se construyeron en el siglo XV **siete casas** para albergar a los ciegos de la ciudad. Un lugar especial que espera que alguien lo descubra".

Creadores inspiradores en Brujas

Djamil Zenasni tiene muchos talentos sobre pericia de todos las épocas

Djamil Zenasni

Algunos zapateros se quedan relegados a lo mismo toda su vida. Otros son demasiado curiosos. El artesano de varios palos Djamil Zenasni pertenece a la última categoría. Construir casas, darle al torno de cerámica, tapizar muebles: lo hace todo con la misma pasión. Conozca a un hombre especial, que mantiene la tradición artesana milenaria de Brujas con celo.

IDENTIDAD

Nombre: Djamil Zenasni
Nacionalidad: belga
Fecha de nacimiento: 27 de noviembre 1963
Nació en Orán (Argelia), pasando por Francia llegó
primero a Bruselas, y desde 1985 vive en Brujas.

Djamil Zenasni disfruta de una curiosidad innata y esas propiedades especiales han marcado durante toda su vida un camino especial. Un trayecto que empezó de una forma caprichosa cuando, con su diploma de economía en el bolsillo, empezó a trabajar como socio en una fábrica tradicional de quesos en Gante. "Una pequeña cooperativa, donde aprendí muchísimo: desde neerlandés pasando por un enfoque ecológico hasta la importancia de *slowfood*".

Creativo polifacético

Cuando la esposa de Djamil encontró un trabajo en Oostende, la joven pareja se puso a buscar casa – y barrio – donde se sintieran cómodos. La pareja

*"Cuando haces algo con pasión y atención, el resto del mundo
desaparece y vives ese momento intensamente.
Es una sensación deliciosa".*

#LOCALLOVE – UNA BUENA SELECCIÓN DE TIENDAS AUTÉNTICAS

Con el mapa #LocalLove en mano, descubre una buena selección de tiendas con carácter en Brujas. Aquí no hay productos para las masas, sino tiendas especializadas repartidas por la ciudad, que llevan al menos cinco años

#LocalLove
VISIT BRUGES

en manos de empresarios locales o artesanos creativos de Brujas. En el mapa se incluyen tanto refinadas mantequerías, como tiendas especiales de decoración, originales boutiques y librerías de calidad. Quien quiera comprar fuera de los caminos más trillados, en tiendecillas donde también van los propios habitantes de Brujas, en #LocalLove encontrará lo que busca. Si también está interesado en tiendas que ofrezcan más, recoja el mapa #LocalLove gratis en una de las ℹ️ oficinas de información de de Brujas.

Vaya a las pág. 87-89 y 130 para más sugerencias de compras.

ARTESANÍA DE BRUJAS, ¡UNA HISTORIA MILENARIA!

En la Edad Media, los artesanos se agrupaban en gremios. Estos gremios también eran activos políticamente, algo que se reguló en Brujas con el sello municipal de la segunda mitad del siglo XIII. La ciudad contaba con más de 50 gremios reconocidos, y esa cantidad se mantuvo estable durante siglos. Albañiles, herreros, ebanistas, panaderos, carniceros, constructores de tejado de teja y paja, curtidores, peleteros sin olvidar los creadores de rosarios, orfebres y fabricantes de armas. Todos y cada uno oficios manuales para los que hacía falta un tiempo de aprendizaje y formación. Para cada gremio había una serie de pautas específicas que garantizaban la calidad del producto entregado. Así los zapateros de Brujas solo podían trabajar con cuero nuevo, los carpinteros no podían trabajar de noche, mientras que los escultores sí podían, aunque solo si un comerciante extranjero estaba esperando una escultura. Hoy en día todavía se pueden ver aquí y allí las antiguas casas de gremios, como en la Steenstraat en los números 25, 38 y 40 y en la plaza Huidenvettersplein 10. Dejan ver claramente al antiguo poder y prestigio de los gremios. Pero también hoy en día Brujas está orgullosa de su artesanía.

Siga leyendo en pág. 87 sobre la destreza y pasión de los artesanos contemporáneos de Brujas.

acabó en Brujas, donde se enamoraron de una casita en el parque Koningin Astrid. Y como el edificio era lo suficientemente grande como para montar un B&B, Djamil se puso manos a la obra inmediatamente. Y lo hizo sin que se le cayeran los anillos, limitando así los costes y sin tirar la casa por la ventana. Pronto se dio cuenta de que el concentrado trabajo manual se le daba estupendamente. Carpintería, electricidad, fontanería: Djamil lo dominó todo en un santiamén. Mientras tanto comenzó a fascinarse por los reposapiés, hechos tradicionalmente con fibras naturales. "Después empecé a tapizar sillones y colocar patas de madera. Una cosa le llevó a la otra.

La colección de sillones ha ido creciendo de forma orgánica".

Siempre lo mejor de sí

Con el paso de los años fue haciendo un repaso a innumerables casas de Brujas. Djamil las restauraba desde el sótano hasta el tejado y después las solía decorar con sus propios muebles. Las casas pueden ir cambiando pero hay algo que no cambia: Djamil supo imbuir su entusiasmo sureño en todas sus creaciones, testigos de un gusto refinado y una forma refrescante y reconocible de ver las cosas. "Siempre tienes que empezar de cero, hacerlo como si fuera la primera vez. Solo así no te puedes repetir. Cada proyecto es único, cada casa diferente, así que empiezo siempre con la mente vacía. Así sigo aprendiendo". Y a pesar de que Djamil sigue encontrándose a sí mismo, su estilo se reconoce enseguida. Tonos cálidos y atrevidos; materiales auténticos y una combinación ecléctica de muebles. Su propia tienda, en Hoogstraat 42, muestra solo algunas facetas de la capacidad de Djamil. Ahí descubrirá unos cuantos reposapiés y sillones – todos son ejemplares únicos – pero también cerámica de colores, la nueva pasión de Zenasni. "Muchos visitantes entran aquí porque les llama la atención todos los colores. Hasta hace poco se iban con las manos vacías. Tenía pocas cosas pequeñas... un mueble no te lo llevas así como así en tu equipaje de mano". Y como Djamil ya tenía en el torno una buena colección robusta pero elegante de azucareros, ensaladeras, cuencos de desayuno etc., ahora se puede encontrar apilada en su tienda.

Pasión por la vida

Para alguien que lo vea desde fuera, da la impresión que el polifacético artista se mete de un proyecto a otro, pero no es así. "Me interesan muchas cosas, y me gusta profundizar. Y todo lo que hago, lo hago con todo mi corazón. No durante seis meses, sino la vida entera". Djamil no considera una artesanía mejor que las otras. "Cuando haces algo con pasión y atención, el resto del mundo desaparece y vives ese momento intensamente. Es una sensación deliciosa".

El ampliar su carrera a ceramista no era necesario, Djamil no aspira a ser un éxito de la exportación. "Eso ya lo aprendí en la quesería. Lo más grande no tiene porqué ser mejor. Pequeño y sano, no hace falta más. Y me doy cuenta de que mis compañeros artesanos piensan igual. En los últimos años está cambiando el ambiente de las tiendas: los visitantes, y también los habitantes de Brujas, quieren productos auténticos. Buscan en las calles alejadas del circuito de tiendas, quieren el especialista que disfruta explicando sobre su producto. Veo que aumenta el interés por el comercio local, por las tiendas de barrio, no solo en nuestras Hoogstraat y Langestraat, sino también en la Smedenstraat donde se puede hacer la compra, dando un paseo. Supongo que el servicio personal, sobre todo, que ofrecen las tiendas locales es lo que las hace atractivas. Y para nosotros, los comerciantes, no hay nada mejor que un cliente satisfecho".

Las direcciones de
Djamil Zenasni

LUGAR FAVORITO

» **Plaza Minnebo**

"Gracias a la obra *Lanchals* de John Powers, que decoró durante la Trienal 2018 la **Plaza Minnebo**, he vuelto a descubrir esta plaza. A pesar de que no está escondida, hasta hace poco pasaba de largo sin fijarme. Un rinconcito sobrio a lo largo del canal en el que se puede respirar la paz".

RESTAURANTES

» **Lieven**, Philipstockstraat 45, tel. +32 (0)50 68 09 75, www.etenbijlieven.be

"Lieven es mi vecino, nos saludamos casi todos los días. En ocasiones especiales, como un cumpleaños, vamos a su agradable restaurante, para celebrarlo por todo lo alto. Un placer de categoría".

» **Sud**, Mallebergplaats 5, tel. +32 (0)50 34 45 62, www.sudinbrugge.com
"Aquí se come la pura cocina de Puglia, simple y deliciosa. Puedes degustar los platos allí mismo o llevártelos a casa. Ideal si no tienes ganas de cocinar. Y si organizan una comida, se pasan por mi tienda para recoger unas fuentes hechas por mí. ¡La combinación perfecta!"

» **Carlito's**, Hoogstraat 21, tel. +32 (0)50 49 00 75, www.carlitos.be
"Las mejores pizzas de la ciudad. Y las devoras en un interior a la última, que es acogedor incluso para los más pequeños".

» **Duc de Bourgogne**, Huidenvettersplein 12, tel. +32 (0)50 33 20 38,
www.ducdebourgogne.be

"Sin lugar a dudas el restaurante
de Brujas con el entorno más bello.
La grandeza de antaño, con cubiertos
de plata y una vista fantástica de los
canales. Buen sitio para almorzar, pida
una mesa al borde del agua".

» **Sint-Joris**, Markt 29, tel. +32 (0)50 33 30 62, www.restaurant-sintjoris.be

"Si el hijo de un agricultor ecológico dirige un restaurante, puedes estar seguro
de que se servirá una excelente carne natural de su propia granja. Este es un
lugar de categoría. Y justo en el Mercado".

CAFÉS

» **Craenenburg**, Markt 16, tel. +32 (0)50
33 34 02, www.craenenburg.be

"Craenenburg lleva siglos en los primeros puestos cuando se habla sobre
la historia de Brujas. Hoy en día, los
habitantes de Brujas vienen a este
Grand Café a leer su periódico y con-
tarse las últimas novedades. Aquí be-
ben su café los guías de coches de ca-
ballos antes de cruzar toda la ciudad. Es un lugar que inspira confianza".

» **Coffeebar Adriaan**, Adriaan Willaertstraat 7, tel. +32 (0)476 90 13 10,
www.coffeebaradriaan.be

"Un café expreso perfecto en un antiguo banco majestuoso. Si eso es lo que
busca, vaya a Adriaan. Cómo beber café con estilo".

» **Comptoir des Arts**, Vlamingstraat 53, tel. +32 (0)494 38 79 61,
www.comptoirdesarts.be

"Cerveza y blues, eso es lo que le servirán en este café típico de sótano. Suelen
ofrecer espectáculos de comedia o música en directo".

» **Café Vlissinghe**, Blekersstraat 2, tel. +32 (0)50 34 37 37, www.cafevlissinghe.be

"El café más antiguo de Brujas es toda una institución. Un lugar donde el tiempo se paró hace siglos. En el centro de la ciudad y aun así con un hermoso jardín con una pista de petanca".

» **Riesling & Pinot Winebar-Wineshop**, Hoogstraat 33, tel. +32 (0)50 84 23 97, www.riesling-pinot.be

"Aquí, justo a la vuelta de la esquina, me suelo beber un vaso de vino con una tapita. No sabía nada sobre el vino alemán pero ya estoy plenamente convencido de su sabor".

TIENDAS

» **Depot d'O**, Ridderstraat 21, tel. +32 (0)495 23 65 95, www.depotdo.be

"La verdad es que casi todo lo puedo hacer yo. Pero si necesito algo, lo puedo encontrar en Kurt. Depot d'O es la tienda para los amantes del diseño vintage y los descubrimientos disparatados. Piensa en lo más loco y lo encontrarás aquí".

» **Galerie Thomas Serruys**, Keersstraat 2, tel. +32 (0)477 92 43 68, www.thomasserruys.com

"Muebles vintage de diseño que llevas media vida buscando o piezas que – en cuanto las ves – sientes la necesidad de tener; eso es lo que encuentras en esta galería. Thomas Serruys sabe exactamente lo que es eterno e irresistible".

» **Maud Bekaert**, Sint-Clarastraat 40, tel. +32 (0)475 26 95 58, www.maudbekaert.be

"El decir que Maud Bekaert es tallista se queda corto. Esta delicada artesana maneja el cincel y el martillo con una impresionante destreza y escribe con una hermosa caligrafía textos sobre piedra natural, cemento, metal... Aquí encontrará un regalo superoriginal".

» **Patisserie Academie**, Vlamingstraat 56, tel. +32 (0)50 68 92 91,
www.patisserieacademie.be

"Tom van Loock aprendió la profesión
de pastelero en De Karmeliet. Después
de unos años, abrió su propia pastele-
ría, un pequeño templo del placer que
aspira a la perfección. Las tartas que
se compran aquí son tan ricas que te
las quieres comer enseguida en la calle. Tom cree ciegamente en la artesanía y
las preparaciones artesanales y eso es algo que se prueba".

» **Quicke**, Zuidzandstraat 21-23, tel. +32 (0)50 33 23 00, www.quicke.be

"Quicke lleva más de 118 años siendo todo una institución en Brujas y entre las
fashionistas de todo el mundo. Y con razón, aquí compras calzado y bolsos de
calidad que se adelantan a las tendencias y con los que podrás causar furor
durante años".

CONSEJO ESPECIAL

» **Groenerei**

"La fachada de atrás de mi tienda da al hermosísimo **Groenerei**, y desde hace
poco, esa fachada esta adornada con un fresco de una pareja bailando. Es mi
homenaje a los expresionistas flamencos, porque lo mismo soy yo también uno
de ellos. Quién pase a lo largo del Groenerei tiene que fijarse bien, ¡el que
busca, encuentra!"

Buscando tesoros artísticos y rincones que la inspiren

Mirna Hidalgo encuentra la creatividad en una ciudad con pasión por el arte

Jean Maust

Bailaora de flamenco, especializada en derecho internacional, coach creativa... pintora, con titulación de la Academia de Brujas. La argentina Mirna Hidalgo siempre se ha aferrado a la vida con ambas manos, pero no fue hasta que se afincó en Brujas que se convirtió a las bellas artes. Una historia sobre el amor y la creatividad.

IDENTIDAD

Nombre: Mirna Hidalgo
Nacionalidad: belga
Fecha de nacimiento: 11 de julio de 1966
Nació y creció en Argentina y gracias al amor acabó en Brujas.

Hay gente que parece que consiguen llevar cinco o seis vidas con éxito y sin esfuerzo. Mirna Hidalgo es un claro ejemplo de una mujer polifacética. Antes de cumplir los 20 años ya era una bailaora profesional y se licenció en derecho al mismo tiempo. Cuando se licenció, Mirna decidió relajarse todo un verano cruzando Europa en tren. En París, la noche antes de volver a Argentina, le dijeron que un viaje por Europa no estaba completo sin visitar la hermosa Brujas. Así que, se fue a Brujas, y ya en la primera noche entabló conversación con un *paisano* que quería practicar su español. Mucho tiempo después y después de muchas cartas, el paisano de Brujas vino de visita a Argentina y al final de sus vacaciones, Dirk le pidió la mano. Aquello fue una auténtica sorpresa para el padre y la hija Hidalgo, pero aun así Mirna le dio el sí. Dirk volvió a casa para prepararlo todo y volvió al cabo de unos meses. "Un día después de que llegara, nos casamos. Si sientes que todo está bien,

no tienes ni que dudar. Desde entonces llevamos 30 años casados y todavía estamos enamorados".

Aprendiendo de los mejores

Y así fue como Mirna acabó en Brujas cuando tenía 23 años. Aquí aprendió francés y neerlandés y estudió derecho internacional en la Universidad Libre de Bruselas. Después tuvo más de veinte años de carrera en el mundo de las altas finanzas. Mientras tanto seguía estudiando con tenacidad: psicología, coaching... "Con el paso de los años me di cuenta de que lo que me mueve es la curiosidad. Si no hago nada, me aburro". Cuando en su trabajo Mirna lo único que hacía era escatimar y ahorrar, empezó a entrarle un "gusanillo". "Eso no era para mí. Un trabajo así no es lo suficientemente creativo". Así que Mirna decidió cambiar de camino en su carrera con lo que consiguió más tiempo libre. "Nunca había pintado pero en el supermercado me llamó la atención un set de promo-

"Brujas es una ciudad increíblemente bella y todos los que vivimos aquí somos conscientes de ese privilegio".

ción con lienzos y pintura y me puse manos a la obra".

Para algunos puede ser suficiente apuntarse a un taller aburrido, para probar algo nuevo sin complicaciones, pero para Mirna no. Pronto se inscribió en la Academia Municipal de Bellas Artes. "Tuve mis dudas. No es un mero curso voluntario. Con sus 300 primaveras, la Academia de Brujas es la más antigua de Flandes: se fundó en el siglo XVIII en la Lonja de los Burgueses en la plaza Jan van Eyck y la colección que se fue montando fue la base del Museo Groeninge, el museo de Bellas Artes de Brujas. Los artistas que estudian en la Academia, tienen que ofrecer una obra al colegio; con el paso de los años fueron apareciendo los primitivos flamencos en la colección de la Academia. Por lo tanto es todo un honor formar parte de esta historia. Aquí trabajan maestros de prestigio internacional. Agradezco muchísimo que pudiera aprender de ellos y continuar con la tradición.

Al final la Academia regaló su colección a la ciudad en el siglo XIX, y después la administración municipal de Brujas decidió construir un nuevo museo. El Museo de Groeninge se encuentra en el Dijver. Que es justo el barrio donde se encuentran muchas de mis tiendas favoritas de arte y antigüedades".

Todo el mundo es creativo

Mirna encuentra su inspiración en cualquier sitio y por eso siempre está atenta. "Todas las semanas voy en bici a la Academia y cada vez que paso por el Vesten hay algo diferente que me inspira. Ves cómo cambian las estaciones y la luz. Es todo un placer desde el principio hasta el final. Incluso cuando llueve. Brujas es una ciudad increíblemente bella y todos los que vivimos aquí somos conscientes de ese privilegio".

El coaching y el arte parecen a primera vista dos mundos aparte pero para Mirna se entremezclan y diluyen entre

ENCUENTRE SUS PROPIOS TESOROS CON #ARTANDANTIQUES

#ArtandAntiques
VISIT BRUGES

Los amantes de objetos de arte milenarios, manuscritos únicos, cuadros del siglo XVII, creaciones contemporáneas y fotografía actual... encontrarán en Brujas algo para saciar su sed, y no solo en los museos de la ciudad. Déjese llevar por el mapa #ArtsandAntiques pasando por numerosas galerías de arte y tiendas de antigüedades que tanto abundan en Brujas y conozca una oferta única y de calidad al gusto de todos: desde el aficionado interesado con un presupuesto limitado hasta el coleccionista apasionado y exigente. Entre en una de las 🛈 oficinas de información para recoger su mapa #ArtsandAntiques gratis. *Vaya a las pág. 87-89 y 121 para encontrar más tiendas de renombre que no se puede perder.*

DESCUBRA LAS OBRAS DE ARTE QUE DESPIERTAN LOS SENTIDOS DE MIRNA HIDALGO

1. En el jardín de la farmacia del milenario Hospital de San Juan luce **De Pax** de Octave Rotsaert, en su momento profesor de la Academia de Brujas. Es una escultura íntima que expresa el deseo de paz mundial.

2. Con su obra **Los Jinetes del Apocalipsis**, Rik Poot muestra en el idílico jardín Hof Arents el sufrimiento y las faltas del ser humano.

3. En 1489 Hans Memling acabó la increíblemente detallada **Arqueta de Santa Úrsula**, encargo del Hospital de San Juan y que todavía se puede admirar en el mismo sitio para el que se hizo.

4. En el Steenhouwersdijk se encuentra una versión en bronce de **Níobe** de Constant Permeke. Las lágrimas en piedra de esta madre mitológica de 7 hijas y 7 hijos, todos asesinados, parece que fluyen hasta llegar al río Reie.

5. En la Iglesia de Santa Ana, podrá descubrir **El juicio final** de Hendrik Herregouts. Primero, vaya hasta el altar, una vez allí, gírese para ver el cuadro: le sorprenderá lo que ve.

ellos. "El tratar a las personas es pura creatividad. Te conectas con el otro y cada paso que das depende de la conexión; juntos construis algo y ese algo es único. Negociar, solucionar un conflicto, coaching, una y otra vez tienes que usar tu creatividad. Así he organizado una serie de eventos en los que cada participante tiene que terminar un cuadro en dos horas. Y lo consiguen porque todo el mundo es creativo. Solo que muchos ya no se acuerdan. Cuando dejaron los pinceles, hicimos una ronda pasando por las obras viendo cómo cada uno empezó con los mismo medios y circunstancias parecidas y cómo cada uno terminó con una pieza

única. Muy motivador. Seas quien seas, eres valioso".

Las direcciones de
Mirna Hidalgo

LUGAR FAVORITO

» **Iglesia de Santa Magdalena,**
esquina Stalijzerstraat y
Schaarstraat, www.yot.be

"Esta iglesia es todo menos normal.
Por fuera es una construcción neogótica, simple pero por dentro es un
maravilloso lugar de reflexión.
La moderna decoración es realmente
sorprendente: con una relajante fuentecilla, un columpio, colores llamativos…
y si se mira con más detalle, encuentra mucho más. Además, se organizan con
regularidad exposiciones".

RESTAURANTES

» **Bistro Zwart Huis**, Kuipersstraat 23,
tel. +32 (0)50 69 11 40,
www.bistrozwarthuis.be

"Dele un regalo a sus papilas gustativas en la monumental sala de banque-
tes de un edificio protegido del año
1482. Bienvenido al Bistro Zwart Huis.
Aquí puede probar clásicos flamencos
pero también algunos platos interna-
cionales. Suelen dar también conciertos de blues y jazz. La música en directo
simplemente completa tu experiencia".

» **Malesherbes**, Stoofstraat 3-5, tel. +32 (0)50 33 69 24
"Este es un buen restaurante en una de las callejuelas más estrechas de la ciudad. Productos frescos y auténticos y una gastronomía francesa. El chef aprendió su oficio de un cocinero francés. En Malesherbes celebramos todos los años
nuestra aniversario de boda. Nos encanta el enfoque simpático y personal".

» **Passion For Food**, Philipstockstraat 39, tel. +32 (0)477 40 17 14

"Un menú pequeño con platos deliciosos y sanos. También hay opciones vegeta-rianas y veganas. El dueño, Sherif, es increíblemente simpático, conoce casi toda Brujas y es un excelente anfitrión".

» **Ventura Ristorante**, Koningin Elisabethlaan 48A, tel. +32 (0)50 69 39 74
o +32 (0)477 89 57 46, www.venturaristorante.be

"Ventura se inauguró no hace mucho pero ya es uno de nuestros favoritos. Aquí se comen platos italianos auténticos y nos encanta ir cuando queremos celebrar algo".

» **Petite Aneth**, Maria van Bourgondiëlaan 1, tel. +32 (0)50 31 11 89, www.aneth.be

"Otra recomendación para fiestas es Petite Aneth. El chef llevó durante mucho tiempo un restaurante con estrellas pero ahora prospera con esta versión más modesta. Los platos siguen siendo refinados pero sin pagar mucho".

CAFÉS

» **27Bflat**, Katelijnestraat 27B, tel. +32
(0)479 29 74 29, www.27bflat.be

"Quién no conozca este sitio, seguro que pasa de largo. Y sería una pena porque detrás de una puerta desaper-cibida, encontrará un sitio fantástico con un delicioso jardín verde y soleado. Los conciertos de jazz en directo le ha-rán completamente feliz".

» **Cuvee QV Winebar/Wineshop**, Philipstockstraat 41, tel. +32 (0)50 33 33 28,
www.cuvee.be

"Aquí encontrará vinos y botellas especiales, algo que no se puede encontrar en el supermercado. No son especialmente baratos, pero en la barra podrá pro-barlos y evitar equivocarse en las compras. Bebiendo una copa, ya se sabe lo que uno mete en la casa. Pero si no quiere comprar una botella, es una delicia disfrutar de una deliciosa copa de néctar de los dioses".

» **Blend wijnbar-wijnwinkel**, Kuipersstraat 6-8, tel. +32 (0)497 17 20 85, www.uncorked.be

"En Blend, bar y tienda de vinos, ofrecen una buena carta de vinos que suelen poner al día. Aquí se pueden beber buenos vinos, en todas las categorías de precios. Las tapas te ayudarán a que no se te suban a la cabeza".

» **Lucifernum**, Twijnstraat 6, tel. +32 (0)476 35 06 51, www.lucifernum.be

"Este es el lugar excéntrico de mi lista. Lucifernum no está siempre abierto y hay que pagar una entrada. Pero es toda una recomendación porque se entra en un mundo chiflado lleno de arte con una terraza fantástica y preciosa. Toda una experiencia".

» **Tonka**, Walplein 18, tel. +32 (0)495 20 73 99, www.tonkatearoom.com

"Esta pequeña tetería la llevan dos jóvenes que trabajan en cuerpo y alma. Los panqueques se preparan en su punto justo, con la quiche sirven una crujiente ensalada y el croissant acaba de salir del horno".

TIENDAS

» **Absolute Art Gallery**, Dijver 4-5, tel. +32 (0)50 49 10 12, www.absoluteartgallery.com

"Para saber qué está pasando en el mundo del arte internacional, voy al Absolute Art Gallery. Se te recibirá con los brazos abiertos y conocerá las últimas obras de artistas internacionales. Sobre todo me siento atraída por los paisajes serenos de Benoît Trimborn".

» **Galerie Pinsart**, Genthof 21, tel. +32 (0)50 67 50 66, www.pinsart.be

"Pinsart sabe montar algo bueno con interesantes exposiciones contemporáneas. Merece la pena el pasarse de vez en cuando por aquí. Además me encanta perderme en este hermoso edificio restaurado del siglo XVIII y admirar los hermosos objetos de arte".

» De Schacht, Katelijnestraat 49, tel. +32 (0)50 33 44 24, www.de-schacht.be

"Esta es *mi* tienda de arte: en un buen sitio y a unos pasos de la Academia. Un paraíso para cualquier creativo. Pero también encontrarás regalos originales, para complacer a los menos creativos".

» Anticuario Pollentier-Maréchal, Sint-Salvatorskerkhof 8,
   tel. +32 (0)50 33 18 04, www.pollentier-marechal.be

"Al que le gusten los antiguos grabados e ilustraciones, tiene que pasarse por Geert y Martine, a la sombra de la Catedral de San Salvador. Este es también el sitio ideal para enmarcar una obra de arte o que restauren y limpien una obra antigua y dañada. La tienda tiene ese encanto auténtico de una antigua imprenta. Una delicia".

» Jean Moust, Mariastraat 15, tel. +32 (0)50 34 44 35, www.jeanmoust.com

"No soy ninguna experta, pero siempre me quedo sin palabras cuando me quedo mirando las decenas de cuadros flamencos y neerlandeses del siglo XVII en Jean Moust. Las paredes de rojo-sangre están repletas de una impresionante colección de arte pictórico. No sabes por dónde empezar a mirar. Una experiencia abrumadora".

CONSEJO ESPECIAL

» Los jardines de la Casa de la Caridad Spanoghe, Katelijnestraat 8

"Hace falta un poco de coraje para seguir andando, porque parece que te estás entrometiendo. Pero se le premiará con un **delicioso rincón sereno** en mitad del bullicio de la ciudad. Aquí se puede relajar y pasear la mirada por el **agua de los canales**. Desde aquí tiene una vista única sobre la fachada lateral del centenario Hospital de San Juan y el convento correspondiente".

Lissewege

Para descubrir fuera de **Brujas**

Las otras ciudades históricas

Amberes (Antwerpen) 82 km

Es imposible definir Amberes (Antwerpen) con una sola palabra. Esta histórica ciudad puede presumir de una maravillosa catedral, de numerosas y bellas iglesias, de una impresionante estación central, del rompedor Museo MAS ("Museum aan de Stroom"), de la tranquilidad de la casa de Rubens, del precioso jardín de esculturas Middelheim, de su zoo con historia, y de tantas otras maravillas. Además, esta es la ciudad belga de la moda por excelencia. La ciudad del río Escalda es el hogar de numerosos diseñadores de renombre internacional. Encontrará una amplia oferta de boutiques exclusivas y tiendas especiales, el sueño de cualquier "fashionista". Por todo ello, no es de extrañar que los habitantes de Amberes – ya de naturaleza "ruidosos" – estén increíblemente orgullosos de su ciudad.

INFO > www.visitantwerpen.be; hay conexión directa de tren entre Brujas y Amberes (duración: aproximadamente 1.30h; www.belgiantrain.be).

Bruselas (Brussel) 88 km

El mundo entero confluye en Bruselas (Brussel) y en cada esquina se descubre un nuevo continente. Del exótico barrio de Matonge a la zona señorial donde residen las instituciones europeas, la capital de Bélgica logra suavizar su estructura metropolitana con un auténtico ambiente popular. A la sombra de la majestuosa Plaza Mayor, el pequeño "Manneke Pis" continúa imperturbable haciendo sus necesidades. Esta ciudad versátil reconcilia el elegante barrio de Sablón con la popular plaza "Vossenplein". Los seguidores de la realeza se pueden dirigir a la Plaza Real (Paleizenplein), los amantes del arte darse el gusto en uno de los

más de cien museos como el Museo Magritte, el BOZAR o el Museo Horta. Los entusiastas de la gastronomía pueden disfrutar de las numerosas cervecerías o restaurantes gastronómicos. Los adeptos al "vintage", se dirigen al Atomium. En la ciudad donde nacieron Tintín y los Pitufos no pueden faltar para los amantes de los comics más de 50 fachadas decoradas y un famoso museo.

INFO > www.visit.brussels; hay conexión directa de tren entre Brujas y Bruxelles-Central (duración: 1.00h hasta 1.15h; www.belgiantrain.be).

Damme 6 km

Damme fue el puerto de paso de Brujas hasta la sedimentación de su salida al mar (en Het Zwin). Conduzca en línea recta hacia la ciudad de "Uilenspiegel" por el canal de Damme (Damse Vaart). El canal se encuentra escoltado por hermosos álamos de a veces más de 100 años de antigüedad. Sus retorcidas ramas ofrecen un paisaje encantador. Una experiencia que también puede disfrutar desde el agua. El nostálgico vapor de ruedas Lamme Goedzak navega ida y vuelta entre la ciudad histórica y el embarcadero Noorweegse Kaai en Brujas. ¡El segundo domingo de cada mes, Damme se transforma en la gran ciudad del libro!

INFO > www.visitdamme.be; autobús de línea n° 43 (no circula los sábados, domingos y festivos, consulte www.delijn.be para el horario), parada: Damme Plaats; o con el vapor de ruedas Lamme Goedzak, www.bootdamme-brugge.be *(vaya también a la pág. 51)*. También pue-

de ir a Damme en bici *(consulte las pág. 154-155 para el alquiler de bici)* o alquilar una moto *(consulte la pág. 155 para el alquiler de motocicletas)*.

Gante (Gent) 39 km

No hay pueblo más indómito que el pueblo de Gante. Se rebelaron contra el emperador Carlos V, les pusieron una horca al cuello y desde entonces llevan con orgullo el nombre de "los ahorcados". En Gante, el medievo se mezcla con lo último. El Campanario centenario es una imagen imponente al lado del moderno ayuntamiento. El pintoresco barrio Patershol, con sus callejuelas y acogedores restaurantes se extiende a la sombra del impresionante Castillo de los Condes de Gante. La ciudad hace furor internacional con sus jóvenes chefs estrella y como capital vegetariana de Europa. Los amantes del arte sabrán encontrar la famosa *Adoración del Cordero Místico* de los hermanos van Eyck en la Catedral de San Bavón o cualquiera de sus muchos museos. El S.M.A.K., el Design Museum Gent, el MSK y el STAM le sorprenderán cada temporada con unas exposiciones excelentes. Los festivales, eventos culturales y una ajetreada vida nocturna hacen que

la ciudad estudiantil sea un hervidero de vitalidad. Y cuando se pone el sol, empieza a funcionar el Plan de luz. Se iluminan los edificios, las plazas y las calles. El momento ideal para visitar las calles de Graslei y Korenlei al borde del agua.
INFO > www.visitgent.be; hay conexión directa de tren entre Brujas y Gent-Sint-Pieters (duración: aproximadamente 30 min.; www.belgiantrain.be), desde la estación Gent-Sint-Pieters pasa el tranvía 1 cada 10 minutos dirección centro.

Lovaina (Leuven) 110 km

Lovaina (Leuven) es sin discusión la ciudad estudiantil de Bélgica. Decenas de edificios monumentales de la Universidad están repartidos por todo el centro histórico. Lógico si tenemos en cuenta que aquí se fundó en 1425 la primera universidad del país. A pesar de su edad, Lovaina está abierta a la innovación, lo que implica entre otras cosas una serie de destacados proyectos arquitectónicos como el centro artístico Stuk, Het Depot, De Hoorn en el barrio a la última Vaartkom y el M - Museum Leuven. Y luego está Lovaina como ciudad cervecera, con dos fábricas de cerveza en el centro, la enorme Stella Artois y la más modesta

Domus, y numerosos cerveceros artesanos en la zona. Y dónde mejor que en la plaza el Oude Markt (Antiguo Mercado), quizá la barra de bar más larga del mundo, para tomarse una pausa...
INFO > www.visitleuven.be; hay conexión directa de tren entre Brujas y Lovaina (duración: aproximadamente 1.30h hasta 1.40h; www.belgiantrain.be).

Malinas (Mechelen) 90 km

Malinas (Mechelen) es la más pequeña de las ciudades culturales de Flandes. Justo entre Amberes y Bruselas se encuentra Malinas con un rico patrimonio de monumentos históricos y edificios protegidos que le harán revivir el pasado borgoñés. Algo imprescindible es la impresionante Catedral de San Rumoldo de Malinas. En su alta torre de 97 metros se encuentran dos carillones que tocan los alumnos de la Escuela real de carillones, la más antigua y grande del mundo. Visite también el nuevo Hof van Busleyden, donde se muestra el rico pasado de Malinas bajo el mandato de Margarita de Austria. Además, está el serpenteante Dijle, buscando su camino a través de la ciudad y cercado por el Zoutwerf con

sus fachadas de madera medievales del siglo XVI y el Haverwerf, con sus ostentosas fachadas de color pastel. Otra visita obligada es el antiguo Palacio de Margarita de Austria, desde donde se gobernaban en su tiempo los Países Bajos. En resumen, quien visite Malinas descubrirá una ciudad histórica llena de encanto y cordialidad contemporáneos.

INFO > www.visitmechelen.be; hay conexión de tren entre Brujas y Malinas, con transbordo en Gent-Sint-Pieters o Bruxelles-Midi (duración: 1.30h hasta 1.45h; www.belgiantrain.be).

Ypres (Ieper)   46 km

Ypres fue en el siglo XIII, junto con Brujas y Gante, una de las ciudades más poderosas de Flandes gracias a su floreciente industria textil. Debido a una ubicación estratégica en la esquina más occidental del país, Ypres sufrió varios asedios durante su historia, por lo que en la Edad Media se construyó una muralla que en el siglo XVII se expandió. El lugar donde la ciudad se encuentra también fue relevante en la Primera Guerra Mundial. Alrededor de Ypres se llevaron a cabo encarnizadas batallas y finalmente, la ciudad fue completamente destruida. Después de la guerra empezó el enorme esfuerzo de la reconstrucción: los edificios más importantes se copiaron exactamente como una vez fueron los originales, como en la Lonja de paños. Este es el sitio donde se construyó el Museo In Flanders Fields. Los testigos cuentan sus vivencias: pequeñas historias que le dan su propia visión a la guerra. También aquí podrá experimentar el horror de las trincheras y, enfréntese con valentía a los ataques devastadores de Ypres. En el mismo edificio encontrará el nuevo Yper Museum (Museo de Ypres) donde conocerá más de mil años de historia de esta ciudad. Desde Brujas se organizan varias excursiones (de 1 día) a Ypres y a otros puntos interesantes de esta región occidental de Flandes *(vea también las pág. 146-147)*.

INFO > www.toerisme-ieper.be; hay conexión de tren entre Brujas e Ypres, con transbordo en Kortrijk (duración: aproximadamente 1.30h hasta 1.40h, www.belgiantrain.be), desde la estación de Ypres son unos 10 minutos a pie hasta el centro de la ciudad.

Campiña de Brujas

La Campiña de Brujas (Brugse Ommeland) es la zona verde que rodea Brujas. Aquí el reloj va más despacio y lo importante es la buena vida. En la Campiña de Brujas también encontrará una serie de chefs estrella y pequeños productores locales y apasionados. Añada los sobrios canales que serpentean a través la Campiña de Brujas, los pólderes llanos que invitan a montarse en bici, los muchos edificios históricos en el campo verde y tendrá una atractiva región. La ciudad patrimonio de la humanidad de Brujas es el corazón de la zona, los pueblos y ciudades nostálgicos que la rodean son su alma. Perderse por un paraje borgoñés, con sus castillos, aspirando la historia en Damme, Lissewege y otros pueblecitos. Puede hacer lo que quiera, sin ninguna obligación. Ya es hora de cargarse las baterías y disfrutar totalmente en la Campiña de Brujas.

INFO > www.brugseommeland.be

Damme

EXCURSIONES GUIADAS EN LA CAMPIÑA DE BRUJAS

Nada puede ser más placentero que descubrir los alrededores de Brujas durante una excursión guiada. Elija una deportiva excursión en bici con The Green Bike Tour (arlando@telenet.be), The Pink Bear Bike Tours (www.pinkbear.be), Steershop biketours (www.steershop.be) o QuasiMundo Biketours Brugge (www.quasimundo.eu) o el alegre tour por minibus "Triple Treat: the best of Belgium en un día" de Quasimodo Tours (www.quasimodo.be).

CONSEJO

Una forma ideal de conocer los alrededores de Brujas es en bicicleta. Disfrute plenamente de la naturaleza en el Parque natural Bulskampveld, la zona más boscosa del Flandes occidental o en las sorprendentes arboledas alrededor de los castillos de los dominios municipales de Tillegem, Tudor y Beisbroek. No se preocupe: con un mapa de la red de rutas ciclistas en la mano, donde uno mismo se puede montar la ruta, no se podrá perder. En las **i** oficinas de información o shop.westtoer.be, podrá comprar rutas en bici. *(Vea las pág. 154-155 para el alquiler de bicicletas.)*

Imprescindible

El Museo Uilenspiegel (Damme, 6 km, www.visitdamme.be), el hogar del legendario héroe Tijl Uilenspiegel y su Nele; el Lamme Goedzak (Damme, 6 km, www.bootdamme-brugge.be; *ver también la pág. 51*), un nostálgico vapor de ruedas que navega entre Brujas y Damme; el castillo de Loppem (Loppem, 6 km, www.kasteelvanloppem.be), donde el rey Alberto I se retiró durante la liberación a finales de la Primera Guerra Mundial; el Permekemuseum (Jabbeke, 10 km, www.muzee.be), donde puede visitar la casa, el jardín y los talleres del artista Constant Permeke; el Museo Arqueológico Romano (RAM) (Oudenburg, 16 km, www.ram-oudenburg.be), donde encontrará los descubrimientos arqueológicos y la rica historia de Oudenburg; el castillo de Wijnendale (Torhout, 23 km, www.toerismetorhout.be), una fortaleza con foso con un pasado glorioso de más de mil años que albergó a multitud de mandatarios; el Museo de Cerámica de Torhout (Torhout, 22 km, www.toerismetorhout.be), que le enseña la rica tradición de la mundialmente afamada cerámica de Torhout y que se alberga en el Castillo amurallado de Ravenhof; y la Abadía Ten Putte (Gistel, 25 km, www.godelievevangistel.be), en el que reside la comunidad religiosa de Madre de la Paz y donde se venera a Santa Godeleva. También se encontrará con el cuidado museo de Santa Godeleva, donde conocerá la biografía de la santa de Gistel.

Castillo de Loppem

Costa

La costa nos atrae una y otra vez. Desde De Panne hasta Knokke-Heist, cada una de las ciudades bañadas por el mar tiene su propio encanto. Encantadora o contemporánea, pintoresca o elegante, íntima o con aires de gran ciudad, las ciudades costeras siguen proporcionando la buena vida. Naturaleza sin fin, abundancia de cultura, playas maravillosas, calles comerciales donde quiere quedarse y paseos peatonales que invitan a caminar, todo ello es lo que ofrece la costa. Con el tranvía costero (www.dekusttram.be) se desplaza de un lugar a otro con gran rapidez. Saboree el aire salado del mar, disfrute de su microclima y deléitese con un delicioso pescado del Mar del Norte.

INFO > www.dekust.be

Imprescindible

La ruta de patrimonio en Zeebrugge (shop.westtoer.be) le mostrará el puerto marítimo de Brujas. El camino marcado con remaches destaca sobre todo el puesto único de Zeebrugge en la historia pesquera flamenca y durante la Primera Guerra Mundial. ¿Prefiere explorar el puerto desde el agua? Embarque por un paseo por el puerto de Zeebrugge (Zeebrugge, 14 km, www.franlis.be, *vea también la pág. 51*). Con el barco de pasajeros Zephira navegará por una de las esclusas más grandes del mundo. Visite también la

Zeebrugge

LA TERMINAL DE CRUCEROS LE PONE ZEEBRUGGE A SUS PIES

El horizonte de Zeebrugge ha ganado un edificio sorprendente con la flamante terminal para cruceros en el Rederskaai. La torre de siete pisos simboliza un campanario contemporáneo y enfatiza el vínculo histórico entre el puerto de Zeebrugge y Brujas. Los pasajeros del crucero reciben una cordial acogida, pero la terminal también está abierta para todo el que quiera visitarla. El piso superior alberga el restaurante rooftop, Njord. Aquí podrá degustar una deliciosa cocina marinera mientras disfruta de una amplia vista panorámica. El puerto, la costa e incluso el paisaje urbano de Brujas los tendrá a sus pies.

Antigua Lonja, en la que se encuentra el parque temático marítimo Seafront (Zeebrugge, 14 km, www.seafront.be, *vea también la pág. 69*) y donde descubrirá la rica historia del mar. Pero los edificios de la Antigua Lonja también albergan tiendas, restaurantes y cafés. En el Centro Belle Epoque de Blankenberge (Blankenberge, 14 km, www.belle.epoque.blankenberge.be) revivirá el emocionante periodo de transición del siglo XIX al siglo XX, una época de placer despreocupado en la costa belga bañada de lujo y grandeza. En Oostende no puede perderse el Mu.ZEE (Oostende, 22 km, www.muzee.be), con su colección única de arte moderno y contemporáneo belga y una flamante ala para los grandes maestros James Ensor, Raoul Servais y Léon Spilliaert; y el renovado centro experimental Het James Ensorhuis (Oostende, 22 km, www.ensorstad.be), en el que, a partir de otoño 2019, podrá

volver a acceder al fascinante mundo del pintor más famoso de Oostende. Con Beaufort, podrá disfrutar del parque permanente de esculturas (www.belgiancoast.co.uk/en/inspiration/sculpture-park-beaufort): repartidas entre diversos municipios costeros se encuentran grandes obras contemporáneas de las antiguas ediciones de la trienal de arte. Podrá sentir una profunda paz rodeado de la flora y fauna del Zwin Natuur Park (Knokke-Heist, 20 km, www.zwin.be), "el aeropuerto internacional de aves".

Knokke-Heist, Zwin Natuur Park (parque natural)

Westhoek

Vistas infinitas, colinas suaves, pólderes llanos y una serenidad espectacular. Lo que una vez fue el escenario de la Gran Guerra, ahora es una extensa tierra serena y tranquila, donde el disfrute no tiene fin. Esta región verde se repliega en la frontera francesa y la costa occidental. Descubrirá un montón de pueblecitos pintorescos, historias emocionantes y testigos silenciosos de la Primera Guerra Mundial, y también albergues sobrios y restaurantes encantadores en los rincones más idílicos, muy lejos del mundanal ruido. Fantástico para disfrutar paseando o montando en bici. Y venga de donde venga, se le recibirá con una generosa sonrisa del Westhoek. La cosa es poder disfrutar de un delicioso picon, el sabroso licor de la frontera.

INFO > www.toerismewesthoek.be

Imprescindible

El Museo In Flanders Field en Ypres (Ypres, 46 km, www.inflandersfields.be), en el Lakenhalle en el centro de la ciudad, narra de una forma impresionante la historia de la Primera Guerra Mundial en el frente de Flandes Occidental. En

EXCURSIONES GUIADAS EN EL WESTHOEK

Haga una inmemorable (mini) excursión en autobús desde Brujas por diversos recuerdos de la Primera Guerra Mundial en el Westhoek, con Quasimodo Tours (www.quasimodo.be), con el In Flanders Fields – The Great War tour (www.brussels-city-tours.be) y los Flanders Fields Battlefield Daytours (www.visitbruges.org). También puede hacer una excursión al Westhoek con las siguientes empresas (de taxi): Taxi Snel (www.taxisnel.be) y Poppies Day Tours (www.poppiesdaytours.be).

Langemark-Poelkapelle,
The Brooding Soldier

Sitio John McCrae, Ypres

Lo-Reninge, Centro de visitantes Jules Destrooper

ese mismo edificio encontrará el nuevo Yper Museum (Ypres, 46 km, www.yper museum.be), dedicado a la rica historia de la ciudad que siempre consigue volver a levantarse. Todas las noches en Ypres todavía se celebra a las 20.00h en punto la ceremonia del Last Post (Ypres, 46 km, www.lastpost.be), un homenaje solemne por los soldados caídos que tiene lugar diariamente en la Puerta Menen, un impresionante monumento bélico con los nombres de 54.896 soldados británicos que no pudieron ser identificados después de morir en combate en los campos de batalla de la Primera Guerra Mundial. También en el Cementerio CWGC Tyne Cot (Passendale, 54 km, www.passchendaele.be, www. cwgc.org) el sacrificio humano de la Primera Guerra Mundial deja su huella indeleble en el cementerio británico militar más grande del continente. En el Memorial Museum Passchendaele 1917 (Zonnebeke, 66 km, www.passchen daele.be) se narra la historia de la Primera Guerra Mundial de una forma visual y emocionante, con especial énfasis en la Batalla de Passendale.

Para las familias con niños, les aconsejamos el Castillo Beauvoorde (Wulveringem, 56 km, www.kasteelbeauvoorde. be). Conocerá el maravilloso mundo de los caballeros y mujeres nobles y podrá disfrutar de una de las actividades familiares más entretenidas que se organizan en el parque anglo-francés del castillo. En el Centro de visitantes Jules Destrooper (Lo-Reninge, 70 km, www. julesdestrooper.com), paseará por el rico pasado del artesano de galletas Jules Destrooper y se le premiará la visita con una degustación de galletas. También es recomendable el Museo del lúpulo Poperinge (Poperinge, 83 km, www.hopmuseum.be), donde aprenderá todo sobre el lúpulo: desde el cultivo y la recolección hasta su elaboración, porque el lúpulo se utiliza para mucho más que la fabricación de cerveza.

Ypres , Last Post

Oficina de información 't Zand (Sala de conciertos)

Brujas
práctica

Cómo llegar y desplazarse por Brujas

En www.visitbruges.be podrá encontrar información actual sobre la accesibilidad.

En coche

Brujas se encuentra a 1565 kilómetros de Madrid y a 1330 kilómetros de Barcelona. Por la autopista como poco 15 horas en la carretera. Una vez en Bélgica, tome la autovía E40 de Bruselas en dirección a Gante (Gent) / Brujas (Brugge) hasta llegar a Brujas. Llegará en una hora a Brujas. **El centro de la ciudad es zona 30. No se puede conducir a más de 30 km/h.** Puede aparcar de manera indefinida y ventajosa en uno de los dos parkings centrales. *(Lea más en el capítulo "Aparcamiento")*

ⓟ Aparcamiento

Brujas es una ciudad de tamaño accesible. Se desaconseja el tráfico motorizado en el casco histórico. A una distancia andando del centro, encontrará una serie de aparcamientos donde podrá aparcar **gratis**. Algo más alejados del casco antiguo hay algunos aparcamientos gratis "park&ride", desde los que puede llegar al centro con transporte público o la bici. Alrededor del casco antiguo hay una "Zona azul". En las zonas indicadas puede aparcar gratis con un límite de tiempo (4 horas máx.) entre las 9:00h y las 18:00h. ¡No se le olvide colocar el disco de aparcamiento! El aparcamiento en la calle en el centro histórico entre las 9.00h y las 20.00h tiene un límite de tiempo (30 min. mín. y 4 horas máx.) y también se paga los domingos y festivos (1a hora: 1,80 €; 2a, 3a y 4a hora: 2,40 €; 9,00 € máx. por 4 horas). El pago se puede realizar por SMS, con la app 4411 (solo para móviles belgas) o en un par-

químetro (en efectivo o tarjeta bancaria). Para eso tiene que introducir el número de su matrícula. Para aparcar en el centro sin límite de tiempo y de forma **más económica** en uno de los dos parkings: delante de la estación (mapa de la ciudad: D13) y bajo 't Zand. Desde los dos aparcamientos se puede llegar al Mercado andando, pero también puede coger el autobús municipal De Lijn *(leer más en "Transporte público")*. La ida y vuelta en autobús (4 personas máx. por vehículo) desde el aparcamiento Centrum Station al centro se incluye en el ticket de aparcamiento. Si pasa la noche en Brujas, infórmese previamente sobre las posibilidades de aparcamiento de su alojamiento.

INFO > La información más actual de viaje la encontrará en www.visitbruges.be

▶ Aparcamiento Centrum-Station

Stationsplein | mapa de la ciudad: D13
CAPACIDAD > 1500
ABIERTO > Diariamente, 24/24 horas
PRECIO > Máx. 3,50 €/24h aparcar | tarifa por hora: 0,70 € | incluido traslado en bus (máx. 4 personas por coche)

▶ Parking Centrum-'t Zand

debajo de 't Zand | mapa de la ciudad: C9
CAPACIDAD > 1400
ABIERTO > Diariamente, 24/24 horas
PRECIO > Máx. 8,70 €/24h aparcar | tarifa por hora: 1,20 €; a partir de la segunda hora, se paga por cuarto de hora

🚌 En autobús

Varias empresas internacionales de autobuses cuentan con conexiones en Brujas, desde importantes puntos de transporte internacional y ciudades extranjeras. La parada para estos servicios de autobús se encuentra en la estación de Brujas, lado de Sint-Michiels (Calle Spoorwegstraat). Flixbus también tiene una parada en Bargeplein.

▶ Desde o hacia puntos de transporte

flibco.com ofrece varios viajes directos en autobús al día desde y hasta el Aeropuerto de Bruselas South Charlero. **Ouibus** cuenta con conexiones directas diarias desde y hacia la estación TAV de Lille-Europe. El horario de salidas está adaptado a las horas de los trenes Eurostar y TGV. **Flixbus** tiene conexiones con diversos centros de conexiones, las estaciones del tren de alta velocidad Bruselas-Sur y Lille-Europe, y también los aeropuertos de Fráncfort (terminal 2), Colonia, Bruselas, Schiphol en Ámsterdam, Charles de Gaulle y Orly en París.

▶ Desde o hacia ciudades en el extranjero

Flixbus, **Ouibus** y **Eurolines** organizan servicios regulares de conexiones con Brujas. Los autobuses tienen paradas en diferentes ciudades en Bélgica, Países Bajos, Francia, Alemania, Inglaterra y República Checa. Se recomienda hacer una reserva y para algunos destinos es incluso obligatorio. Vaya a www.ouibus.com, www.flixbus.com o www.eurolines.eu para consultar información actual sobre horarios, precios y reservas.

🚆 En tren
▶ Nacional

Desde las principales estaciones de Amberes, Gante, Hasselt, Lovaina y Bruselas salen diariamente de uno a cuatro trenes por hora directos hacia Brujas. Consulte www.belgiantrain.be.

▶ Internacional

La estación de Brussel-Zuid (o en francés: Bruxelles-Midi, es decir, Bruselas Sur) es el hub belga del tráfico de ferrocarril internacional (www.b-europe.com). Aquí llegan diariamente varios trenes de alta velocidad desde París (Thalys/IZY y TGV), Lille (Eurostar, TGV y Thalys), Londres (Eurostar), Ámsterdam (NS InterCity, Thalys y Eurostar) y Colonia (Thalys e ICE). Desde la estación Brussel-Zuid salen diariamente tres trenes por hora a Brujas, con las estaciones de Oostende, Knokke o Blankenberge como destino final. El viaje de Brussel-Zuid a Brujas dura aproximadamente una hora.

En avión

Cinco compañías aéreas vuelan a Bruselas desde varios aeropuertos de España: Brussels Airlines, Air Europa, Iberia, Ryanair y Vueling Airlines. Todas vuelan al aeropuerto Brussels Airport-Zaventem o Brussels South Charleroi Airport. Con TUI Fly puede volar al aeropuerto Ostend-Bruges Airport. Se puede llegar fácilmente a Brujas a través de los diferentes aeropuertos.

▶ Vía Brussels Airport-Zaventem

En el aeropuerto nacional aterrizan vuelos desde más de 200 lugares de 85 países. Desde Brussels Airport-Zaventem puede viajar cómodamente hasta Brujas en tren. Todos los días hay cada hora un tren directo a Brujas. Además, diferentes trenes desde el Brussels Airport-Zaventem llegan con bastante regularidad a las grandes estaciones de Bruselas Norte, Central o Sur. Desde estas estaciones salen diariamente tres trenes por hora a Brujas, con las estaciones de Oostende, Knokke o Blankenberge como destino final.

Consulte www.belgiantrain.be para más información sobre tarifas y horarios. Si prefiere ir en taxi, vaya a la pág. 153 donde encontrará toda la información al respecto.

▶ Vía Brussels South Charleroi Airport

Este popular aeropuerto regional recibe varias aerolíneas de bajo coste desde diferentes ciudades y regiones de Europa y fuera de Europa. La compañía flibco.com (www.flibco.com) organiza diariamente varios autobuses directos desde y hacia la estación de Brujas. Si prefiere ir en taxi, vaya a la pág. 153 donde encontrará toda la información al respecto.

▶ Vía Ostend-Bruges Airport

El aeropuerto de Oostende-Brugge está en pleno desarrollo y amplía sistemáticamente su oferta. En 15 minutos se llega en autobús a la estación de trenes de Oostende. Desde ahí parten, entre las 6.00h y las 22.00h, al menos 3 trenes por hora a Brujas (con fin de parada Eupen, Welkenraedt, Brussels Airport-Zaventem, Antwerpen-Centraal o Kortrijk). El tiempo de viaje a Brujas es de alrededor de 15 minutos. Consulte la página web www.belgiantrain.be para obtener más información sobre horarios y tarifas. Si prefiere ir en taxi, vaya a la pág. 153 donde encontrará toda la información al respecto.

Transporte público

La información más actual de viaje la encontrará en www.visitbruges.be

▶ 🚌 Autobús

El transporte público de Brujas está bien organizado. Cada tres minutos circulan autobuses de "De Lijn" entre la estación de trenes y el centro de la ciudad. Desde la parada de los autobuses turísticos en la Kanaaleiland (mapa de la ciudad: E13) también hay conexiones frecuentes por autobús a la estación y al centro. Los autobuses que circulan por el centro tienen paradas cerca de las calles comerciales, edificios históricos y museos más importantes. Las paradas más importantes se marcan en el mapa de la ciudad (ver mapa plegable en el forro de la contraportada). Con el billete puede, durante los siguientes 60 minutos, cambiar de línea tantas veces

¿Cómo llegar a Brujas?

salida	vía	km	duración en tren 🕐	duración en bus 🕐	reserva
Ámsterdam	Bruxelles-Midi	253	± 03:10	-	www.thalys.com, www.eurostar.com www.nsinternational.nl
Brussels Airport-Zaventem	-	110	± 01:30	-	www.belgiantrain.be
Brussels South Charleroi Airport	-	148	-	02:10	www.flibco.com
Colonia	Bruxelles-Midi	313	± 03:08	-	www.bahn.de, www.thalys.com
London St Pancras	Bruxelles-Midi	-	± 03:25	-	www.eurostar.com
Ostend-Bruges Airport	Oostende	24	*ver arriba*		www.delijn.be, www.belgiantrain.be
Lille Flandres	Cortrique (Kortrijk)	75	± 01:47	-	www.b-europe.com
Paris-Nord	Bruxelles-Midi	296	± 02:37	-	www.thalys.com

como sea necesario. El precio del billete es de 3,00 €. Todos los billetes de transportes de De Lijn se pueden comprar en los siguientes puntos de venta.

▶ Billetes

» Puntos de venta anticipada
- > De Lijnwinkel, Stationsplein (delante de la estación de trenes)
- > **ⓘ** Oficina de información 't Zand (Sala de conciertos)
- > Librerías, tiendas de prensa y supermercados del centro

» Distribuidores de billetes De Lijn
- > De Lijnwinkel, Stationsplein (delante de la estación de trenes)
- > Parada de autobús 't Zand

🚕 Taxis

LUGAR DE ESTACIONAMIENTO
- > En la estación de trenes de Brujas: dirección centro y dirección "Sint-Michiels"
- > En el Bargeweg (Kanaaleiland)
- > En la plaza del Markt
- > En la calle Vlamingstraat (enfrente del Teatro Municipal)
- > En la calle Boeveriestraat (cerca de la plaza 't Zand)
- > En la calle Kuipersstraat (al lado de la biblioteca)

PRECIO > Las compañías locales de taxi ofrecen las siguientes tarifas fijas (los precios pueden ser actualizados durante el año):
- > Brujas <> Brussels Airport-Zaventem: 200,00 €
- > Brujas <> Brussels South Charleroi Airport: 250,00 €
- > Brujas <> Aéroport de Lille/estaciones de tren Lille: 140,00 €
- > Brujas <> Ostend-Bruges Airport: 70,00 €
- > Brujas <> Bruselas (centro): 175,00 €
- > Brujas (estación de trenes, Bargeplein o Boeveriestraat <> terminal de cruceros de Zeebrugge: 55,00 €

Puede encontrar una lista de las empresas de taxi autorizadas y sus datos de contacto en www.visitbruges.be

🚲 Bici taxi

LUGAR DE ESTACIONAMIENTO
- > Markt (cerca del Historium)
- > 't Zand (cerca la Sala de conciertos)
- > Stationsplein (Kiss&Ride)

PRECIO > Tarifas (in situ) disponibles en empresas de bici taxis.

INFO > Tel. +32 (0)471 04 86 07 o www.taxifietsbrugge.be, tel. +32 (0)478 40 95 57 o www.fietskoetsenbrugge.be y tel. +32 (0)478 51 41 15 o www.greenrides.eu

En Brujas

Desde la estación de trenes de Brujas puede ir cada tres minutos a su alojamiento con los autobuses de "De Lijn"; *ver a continuación "Transporte público"* o en Taxi *(ver "Taxis")*.

Información práctica

Accesibilidad

En Brujas hay lugares con instalaciones para personas con limitaciones. En esta guía, se marcarán con (iconos) y (icono). Gracias a estos iconos podrá encontrar fácilmente los lugares con instalaciones para personas con una limitación física, intelectual, visual y/o auditiva. En las (icono) oficinas de información podrá encontrar más detalles sobre el nivel de accesibilidad. También puede recoger allí una publicación gratis (holandés o inglés) con un paseo de fácil acceso por los lugares de interés más importantes. A lo largo del paseo, encontrará diversos alojamientos, restaurantes y servicios públicos con facilidad de acceso. Además, se le dará una serie de ideas prácticas.

Alquiler de bicicletas

» Bauhaus Bike Rental
LUGAR > Langestraat 145
PRECIO > 3 horas: 6,00 €; día: 10,00 €
ABIERTO > Desde el 1/3 hasta el 30/9: diariamente, 8.00-20.00h; desde el 1/10 hasta el 28/2: diariamente, 8.00-17.00h
INFO > Tel. +32 (0)50 34 10 93, www.bauhaus.be

» B-Bike Concertgebouw
LUGAR > Sala de conciertos, 't Zand
PRECIO > 1 hora: 4,00 €; 5 horas: 10,00 €; día: 12,00 €. Tándem, día: 22,00 €. Bici eléctrica, día: 22,00 €
ABIERTO > Desde el 1/3 hasta el 31/10: diariamente, 10.00-19.00h; desde el 1/11 hasta el 28/2: abierto previa cita. Las bicicletas las puede devolver hasta las 22.00h a más tardar.
INFO > Tel. +32 (0)50 61 26 67 o +32 (0)479 97 12 80, www.bensbike.be

» Bruges Bike Rental
LUGAR > Niklaas Desparsstraat 17
PRECIO > 1 hora: 4,00 €; 2 horas: 7,00 €; 4 horas: 10,00 €; día: 13,00 €, estudiantes (presentando la tarjeta de estudiante): 10,00 €. Bici eléctrica, 1 hora: 10,00 €; 2 horas: 15,00 €; 4 horas: 22,00 €; día: 30,00 €. Tándem, 1 hora: 10,00 €; 2 horas: 15,00 €; 4 horas: 20,00 €; día: 25,00 €, estudiantes (presentando la tarjeta de estudiante): 22,00 €
ABIERTO > Diariamente, 10.00-20.00h
DÍAS ESPECIALES DE CIERRE > El 1/1 y el 25/12
INFO > Tel. +32 (0)50 61 61 08, www.brugesbikerental.be

» De Ketting
LUGAR > Gentpoortstraat 23
PRECIO > Día: 8,00 €. Bici eléctrica, día: 22,00 €
ABIERTO > De martes a sábado, 10.00-18.00h; lunes y domingo, 10.30-18.ooh
DÍAS ESPECIALES DE CIERRE > Domingos entre el 16/10 y el 31/3
INFO > Tel. +32 (0)50 34 41 96, www.deketting.be

» Fietsen Popelier
LUGAR > Mariastraat 26
PRECIO > 1 hora: 5,00 €; 4 horas: 10,00 €; día: 15,00 €. Bici eléctrica o tándem, 1 hora: 10,00 €; 4 horas: 20,00 €; día: 30,00 €
ABIERTO > Desde el 15/3 hasta el 31/10: diariamente, 9.00-19.00h; desde el 1/11 hasta el 14/3: diariamente, 10.00-18.00h
DÍAS ESPECIALES DE CIERRE > El 1/1, el 30/5 y el 25/12; en enero y diciembre, cerrado los lunes
INFO > Tel. +32 (0)50 34 32 62, www.fietsenpopelier.be

» 🚲 Fietspunt Station
LUGAR > Hendrik Brugmansstraat 3 (Stationsplein)
PRECIO > 1 hora: 6,00 €; 4 horas: 10,00 €; día: 15,00 €. Bici eléctrica, 4 horas: 20,00 €; día: 30,00 €
ABIERTO > De lunes a viernes, 7.00-19.00h; desde el 1/5 hasta el 30/9: también los fines de semana y días de fiesta, 9.00-17.00h
DÍAS ESPECIALES DE CIERRE > Desde el 25/12 hasta el 1/1
INFO > Tel. +32 (0)50 39 68 26, www.fietspunten.be

» 🚲 📶 Koffieboontje
LUGAR > Hallestraat 4
PRECIO > 1 hora: 5,00 €; 5 horas: 10,00 €; día: 15,00 €, estudiantes (presentando la tarjeta de estudiante): 11,25 €. Tándem, 1 hora: 10,00 €; 5 horas: 20,00 €; día: 30,00 €, estudiantes (presentando la tarjeta de estudiante): 22,50 €
ABIERTO > Diariamente, 9.00-22.00h
EXTRA > Alquiler de sillas de ruedas y carritos infantiles
INFO > Tel. +32 (0)50 33 80 27, www.bikerentalkoffieboontje.be

» 🚲 📶 La Bicicleta
LUGAR > Wijngaardstraat 13
PRECIO > Día: 15,00 €
ABIERTO > Diariamente, 11.00-22.00h. Reserve su bicicleta por adelantado en el sitio web.
INFO > Tel. +32 (0)478 33 49 69, www.labicicleta.be

» 🚲 📶 Snuffel Hostel
LUGAR > Ezelstraat 42
PRECIO > Día: 8,00 €
ABIERTO > Diariamente, 8.00-20.00h
INFO > Tel. +32 (0)50 33 31 33, www.snuffel.be

» 🚲 📶 Steershop
LUGAR > Koolkerkse Steenweg 7a
Las bicis de alquiler se pueden entregar en la dirección del alojamiento.
PRECIO > Día: 15,00 €

ABIERTO > De martes a sábado, 8.00-11.00h y 16.00-20.00h (el sábado hasta 18.00h)
EXTRA > Tours con guía *(ver pág. 142)*
INFO > Tel. +32 (0)474 40 84 01, www.steershop.be

La mayoría de los puntos de alquiler de bicicletas piden fianza.

🛵 Alquiler de motocicletas

Vespa Tours
LUGAR > Estaminet 't Molenhuis, Potterierei 109
PRECIO POR VESPA > Casco y seguro incluidos, 5 horas: 50,00 € (1 persona) o 65,00 € (2 personas); día: 70,00 € (1 persona) o 80,00 € (2 personas)
ABIERTO > Desde el 1/3 hasta el 31/10: diariamente, 10.00-18.00h
CONDICIONES > Edad mínima del conductor: 21 años, carnet de conducir B
INFO > Tel. +32 (0)497 64 86 48

Baños

Brujas tiene varios baños públicos (vea 🚻 en el mapa desplegable de la ciudad en el interior de la cubierta). En general, cuando un lugareño tiene la necesidad, entrará en un bar para beber algo y aprovechará la ocasión para ir al baño.

Cines

Todas las películas son en versión original y si es necesario con subtítulos en neerlandés o francés.

15 Cinema Lumière
Sint-Jakobsstraat 36, tel. +32 (0)50 34 34 65, www.lumierecinema.be

16 Kinepolis Brugge
Koning Albert I-laan 200, Sint-Michiels, tel. +32 (0)50 30 50 00, www.kinepolis.com | Autobús de línea n° 27, parada: Kinepolis

P 🚗 Coches caravana

La Kanaaleiland en el Bargeweg ofrece un lugar ideal durante todo el año para al menos 40 caravanas. Una vez su coche esté aparcado, a un paseo de menos de cinco minutos por el Beaterio, llega al centro de Brujas. No es posible reservar.
PRECIO > Desde el 1/4 hasta el 30/9: 25,00 €/día; desde el 1/10 hasta el 31/3: 19,00 €/día. Electricidad gratis, conexión con agua limpia (0,50 €) y posibilidad de descarga de aguas sucias.
ABIERTO > Puede entrar en el terreno desde las 8.00h a las 22.00h. Siempre se puede pasar por fuera.
INFO > www.interparking.com

🔒 Consigna

» Station
Stationsplein | mapa de la ciudad: C13

» 26 Historium
Markt 1

Cuándo viajar y clima

A pesar de que la mayoría elige la primavera o el verano para visitarnos, sin duda Brujas le puede conquistar en cada estación del año. Durante el otoño y los meses invernales, le encantarán los canales brumosos, las tortuosas callejuelas de adoquines y las tabernas populares. Muchísimo ambiente que disfrutar, aunque sobre todo en otoño e invierno caigan algunos chubascos. Traer un paraguas no es un lujo excesivo. Los meses fríos ofrecen también una excelente oportunidad para visitar los museos o las atracciones de la ciudad de una manera más tranquila, disfrutar de un buen restaurante y de una agradable sobremesa acompañado de una rica cerveza de Brujas. Además, durante los meses de enero, febrero y marzo y los días laborales se puede alojar a precios más económicos.

Días festivos

Durante los días festivos la mayor parte de las empresas, instituciones y servicios están cerrados.

> 1 de enero (Año Nuevo)
> 21 de abril (Pascua) y 22 de abril (Lunes de Pascua)
> 1 de mayo (día de los Trabajadores)
> 30 de mayo (día de la Ascensión)
> 9 de junio (Pentecostés) y 10 de junio (Lunes de Pentecostés)
> 11 de julio (día de fiesta Flamenco)
> 21 de julio (día de fiesta Nacional)
> 15 de agosto (Asunción)
> 1 de noviembre (Todos los Santos)
> 11 de noviembre (día del Armisticio)
> 25 de diciembre (Navidad)
> 26 de diciembre (segundo día de Navidad)

Días de mercado

» Lunes
8.00-13.30h | Onder de Toren – Lissewege | mercado en general
» Miércoles
8.00-13.30h | Markt | comida y flores
» Viernes
8.00-13.30h | Marktplein – Zeebrugge | mercado en general
» Sábado
8.00-13.30h | 't Zand | mercado en general
» Domingo
7.00-14.00h | Veemarkt, Sint-Michiels | mercado en general
» De miércoles a sábado
8.00-13.30h | Vismarkt | pescado
» Diariamente
Desde el 15/3 hasta el 15/11: 9.00-17.00h; desde el 16/11 hasta el 14/3: 10.00-16.00h | Vismarkt | productos artesanales
» Sábado, domingo, festivos y puentes en el período desde el 15/3 hasta el 15/11 + también los viernes de junio a septiembre
10.00-18.00h | Dijver | antigüedades, curiosidades y artesanía

Dinero

La mayor parte de los bancos de Brujas abre sus puertas de 9.00h a 12.30h y de 14.00h a 16.30h. Algunas oficinas también abren los sábados por la mañana. Los domingos todos están cerrados. Hay cajeros automáticos 🏧 en diversas calles comerciales, en la plaza 't Zand, la Simon Stevinplein y la plaza de la estación de trenes. Aquí puede sacar fácilmente dinero con las tarjetas Visa, Eurocard o MasterCard. Se puede cambiar dinero en una de las oficinas de cambio. En caso de pérdida o robo, bloquee inmediatamente su tarjeta del banco: llame a "Card Stop" en el teléfono 070 344 344 (24 horas).

» **Oficina de cambio Western Union**
INFO > Steenstraat 2, tel. +32 (0)50 34 04 71
» **Oficina de cambio Pillen bvba**
INFO > Vlamingstraat 18, tel. +32 (0)50 44 20 55
» **Oficina de cambio Moneytrans Brugge**
INFO > Rozenhoedkaai 2, tel. +32 (0)50 34 59 55

Emergencias

▶ **Asistencia europea: tel. 112**
El número general gratis que es válido para todos los estados miembros de la Unión Europea para los bomberos y asistencia médica y de la policía está diariamente accesible 24 horas al día.

▶ **Ayuda médica**
» **Médicos, farmacias, dentistas y enfermeras de urgencia**
Tel. 1733. Para asistencia médica no urgente por la noche o durante el fin de semana.
» **Hospitales**
  > A.Z. St.-Jan > Tel. +32 (0)50 45 21 11
  > A.Z. St.-Lucas > Tel. +32 (0)50 36 91 11
  > St.-Franciscus Xaveriuskliniek >
    Tel. +32 (0)50 47 04 70
» **Centro de toxicología**
Tel. +32 (0)70 245 245

Es bueno saber

No deje que los carteristas le estropeen su día de compras y ponga su **cartera** preferiblemente en un bolsillo cerrado del interior de su chaqueta y no en el bolso o la mochila abierta. Un buen consejo para las señoras: cierre bien su bolso y lleve el cierre contra su cuerpo. Brujas es una ciudad alegre con una vida nocturna agradable. Tenga en consideración la prohibición de vender, servir o regalar **bebidas alcohólicas fuertes** a menores de 18 años (wiski, ginebra, ron, vodka...). Esta prohibición es también aplicable a los menores de 16 años para bebidas con un porcentaje de alcohol mayor del 0,5%. En caso de comprar bebidas alcohólicas, le pueden pedir una prueba de su edad. Todas las drogas, incluido el cannabis, están prohibidas en Bélgica. Visitar Brujas es disfrutar plenamente, pero asegúrese de dejarla **limpia** y deposite su basura en las papeleras.

Formalidades

» **Identificación**
Es obligatorio tener pasaporte o carnet de identidad válido. Para la mayoría de los residentes de la Unión Europea basta con el carnet de identidad normal. Si entra en Bélgica desde un país no-UE, tendrá que pasar por la aduana. Una vez dentro de la Unión Europea no hay ningún control fronterizo. Compruebe con la debida antelación en una Embajada o Consulado belga en su propio país qué documentos necesita.
» **Salud**
Los residentes de la Unión Europea tienen en Bélgica acceso a la asistencia médica en el caso de una urgencia imprevista. Se le ofrecerá la misma asistencia bajo las mismas condiciones que al pueblo belga y se le remunerarán los gastos médicos total o parcialmente. Puede solicitar esta tarjeta en sus oficinas de la seguridad social.
Nota: cada miembro de la familia debe tener su propia tarjeta.

Fumar

En Bélgica está prohibido fumar en cafés, bares, restaurantes y lugares públicos como hoteles y edificios oficiales. Normalmente, los fumadores empedernidos se reúnen fuera de los establecimientos donde les espera un cenicero.

Habitantes

A 1 de enero del 2018, el centro de Brujas contaba con 19.574 habitantes. La población total de Brujas era de 117.915.

Horarios de apertura

Los cafés y restaurantes no tienen hora de cierre fija. Algunas veces pueden estar abiertos hasta tarde en la madrugada, y otras veces – dependiendo del número de clientes – pueden cerrar antes. *(Lea "De compras en Brujas" con información sobre horarios comerciales, pág. 88.)*

Llamar por teléfono

Quien quiera llamar a Brujas desde el extranjero, tiene que marcar el prefijo nacional +32, seguido del número regional 50 (el primer 0 no hay que marcarlo).

Oficina de correo

Smedenstraat 57-59 | mapa de la ciudad: B9 También se puede pasar por uno de los puntos de venta de correos (asesoría, envíos, sellos...), los sellos los puede comprar en varios establecimientos en diversas calles comerciales o en la **i** oficina de información 't Zand (Sala de conciertos).

i ♿ 📶 Oficinas de información

» **Oficina de información Markt (Historium)**
Diariamente, 10.00-17.00h

» **Oficina de información 't Zand (Sala de conciertos)**
De lunes a sábado, 10.00-17.00h
Domingos y días festivos, 10.00-14.00h
» **Oficina de información Stationsplein (Estación de trenes, acceso a los andenes, dirección centro)**
Diariamente, 10.00-17.00h

Todas las oficinas de información están cerradas el día de Navidad y Año Nuevo. Tel. +32 (0)50 44 46 46, visitbruges@ brugge.be, www.visitbruges.be

Piscinas

11 Interbad

6 pistas de 25 metros; además también cuenta con una piscina recreativa, un tobogán de agua, una piscina infantil y otra de aprendizaje.
INFO > Veltemweg 35, Sint-Kruis, tel. +32 (0)50 35 07 77, interbad@skynet.be, www.interbad.be; autobús de línea n° 10, n° 58 o n° 58S, parada: Watertoren

♿ **12** Jan Guilini

Esta piscina cubierta de 25 metros de largo se encuentra en un hermoso edificio protegido. Toma su nombre del campeón de natación y combatiente de la resistencia Jan Guilini.
INFO > Keizer Karelstraat 41, tel. +32 (0)50 31 35 54, zwembadjanguilini@brugge.be, www.brugge.be/sport; autobús de línea n° 9, parada: Visartpark

♿ **13** 📶 Lago Brugge Olympia

Piscina olímpica (50 metros), un parque acuático climatizado subtropical (con toboganes, una piscina de olas y una pista de rápidos) y una gran zona de césped (con dos piscinas exteriores y diversas atracciones) y varias instalaciones de wellness.
INFO > Doornstraat 110, Sint-Andries, tel. +32 (0)50 67 28 70, olympia@lago.be, www.lago. be/brugge; autobús de línea n° 5, parada: Lange Molen o n° 25, parada: Jan Breydel

Todos los horarios están disponibles en las ⓘ oficinas de información Markt (Historium), 't Zand (Sala de conciertos) y Stationsplein (estación de trenes).

◑ Policía

» **Teléfono general**   tel. +32 (0)50 44 88 44
» **Asistencia de emergencia policial**
tel. 101
» **Distrito centro**
De lunes a viernes: 8.00-17.00h y el sábado: 9.00-18.00h | Kartuizerinnenstraat 4 | mapa de la ciudad: E9
» **Comisaría**
Lunes a jueves: 7.00-21.00h y en horario continuo desde el viernes a las 7.00h hasta el domingo 21.00h. Para cualquier emergencia hay un servicio 24 horas permanente en la comisaría | Lodewijk Coiseaukaai | mapa de la ciudad: F1

Servicios religiosos

01 **Basiliek van het Heilig Bloed (Basílica de la Santa Sangre)**
diariamente, salvo lunes: 11.00h

02 **Begijnhofkerk (Iglesia del beaterio)**
de lunes a sábado: 11.00h, domingo y festivos: 9.30h

04 **Engels Klooster (Convento inglés)**
de lunes a sábado: 7.45h

12 **English Church**
('t Keerske / Capilla de San Pedro)
misa anglicana en inglés, domingo: 18.00h (27/10 al 24/3: 17.00h)

10 **Kapucijnenkerk (Iglesia de Capuchinos)**
de lunes a viernes: 8.00h (martes también a las 18.00h), sábado: 18.00h, domingo: 10.00h

11 **Karmelietenkerk (Iglesia de los Carmelitas)**
de lunes a viernes: 12.00h, domingo: 10.00h

15 **Onze-Lieve-Vrouwekerk (Iglesia de Nuestra Señora)**
sábado: 17.30h, domingo: 11.00h

16 **Onze-Lieve-Vrouw-ter-Potteriekerk (Iglesia de Nuestra Señora de la Potterie)**
domingo: 7.00h y 9.30h

17 **Onze-Lieve-Vrouw-van-Blindekenskapel (Capilla de Nuestra Señora de los Ciegos)**
cada primer sábado del mes: 18.00h

18 **Orthodoxe Kerk HH. Konstantijn & Helena (Iglesia ortodoxa Santos Constantino y Elena)**
sábado: 18.00h, domingo: 9.00h

19 **Sint-Annakerk (Iglesia de Santa Ana)**
domingo: 9.00h

20 **Sint-Gilliskerk (Iglesia de San Gil)**
domingo: 19.00h

22 **Sint-Jakobskerk (Iglesia de Santiago)**
miércoles y sábado: 19.00h

23 **Sint-Salvatorskathedraal (Catedral de San Salvador)**
de lunes a viernes: 18.00h (el viernes también a las 8.30h), sábado: 16.00h, domingo: 10.30h

12 **Verenigde Protestantse Kerk (Iglesia Protestante Unida)**
('t Keerske / Capilla de San Pedro)
domingo: 10.00h

25 **Vrije Evangelische Kerk (Iglesia Evangélica Libre)**
domingo: 10.00h

Tarjetas de descuento y tickets combi

En Brujas puede visitar un montón de museos, lugares de interés y atracciones con descuentos, gracias a las tarjetas descuento y las combi. *Lea más al respecto en la pág. 75.*

Lista con nombres de calles